拝み屋念珠怪談　緋色の女

郷内心瞳

角川ホラー文庫
22757

パンドラの匣、再び——

❖もくじ❖

天《てん》禀《ぴん》

二〇一九年一月下旬。

とうに正月も過ぎ、新たな年の始まりを祝う世間の賑《にぎ》わいもだいぶ落ち着いてきた頃。連日、身を切られるような厳しい寒さが続くなか、私は都内へ泊まりがけの出張相談に出かけていた。

新宿《しんじゅく》駅の近くにある小さな喫茶店で、事前に依頼を受けた相談客の話を聞くのである。希望があれば、依頼人宅や勤め先まで出向くこともあったが、都内における出張相談の依頼は、喫茶店での相談が圧倒的に多かった。

宮城の田舎で拝み屋という奇矯な生業《なりわい》を始め、すでに二十年近くが経とうとしている。「拝み屋」とは、その名の響きが示すまま、故人の供養を始めとして、家内安全祈願や交通安全祈願、健康祈願といった様々な加持祈禱《かじきとう》を執り行うのが主たる仕事である。

これらに加え、悪霊祓《ばら》いや憑《つ》き物落としといった、物騒な仕事を請け負うこともある。軽微な案件ならば、形式的なお祓いなどをおこなうだけで事は済むのだが、相談客から持ちこまれる依頼内容によっては、こちらの対応次第で生命に関わるような事態を招く危うい案件も多々あった。そんな仕事も、私はこれまで幾度となく手掛けてきた。

そのたびに私は様々な形で体調を崩し、床に臥《ふ》せることを繰り返してきたのだけれど、そうして長らく過大な負担を心身ともにかけ続けてきた結果、とうとう本格的に身体を壊す羽目になってしまう。

前年の二月に私は、グルーヴ膵炎《すいえん》という膵臓《すいぞう》の難病が発覚し、以来闘病中の身だった。主に膵頭部と十二指腸、総胆管に囲まれた溝状の領域に嚢胞《のうほう》を生じさせるこの病気は、膨れあがった嚢胞が水風船よろしく腹の中で弾《はじ》けると、背中と左脇腹に凄《すさ》まじい激痛を引き起こす。

今のところ、有効な治療法も確立されていないため、病院側の対応も鎮痛剤の処方と、実験的に慢性膵炎などに用いる薬を代わる代わる試すぐらいしかできることはなかった。あとは定期的な血液検査とCT検査で、経過を観察するくらいのものである。病気と診断されて一年足らずの間に体重は十キロ近くも減り、体力もめっきり落ちた。食欲もあまりなく、身体は常にふらつき気味の思わしくない状態が続いていた。

本来ならば、あまり無闇に身体を酷使しないほうがよいのだろうが、病気にかまけて休んでばかりいると、健康よりも先に心のほうがまいってしまいそうな気がしていたし、拝み屋として動けるうちは、できうる限り動いておこうという思いもあった。

だから私は体調と相談しながら、以前から続けていた東京への出張相談を続けていた。二〇一九年一月下旬のこの時も、平素のスケジュールと同じく、三日間の予定を組んで馴染《なじ》みの喫茶店で相談客の話を聞いていた。

　幸いにも身体を壊した自分に対応できないような、込み入った相談は一件もなかった。

相談希望者からは、事前にメールで相談内容を教えてもらうようにしているのだけれど、実際に顔を合わせて話を聞いてみると、メールで教えてもらった内容とはまったく違う、とんでもなく厄介な案件が飛びだすこともある。だが、今回はそうしたイレギュラーな事態が起こることもなく、相談客の話に粛々と耳を傾けることができた。

　そうして初日、二日目と仕事をこなし、宮城へ帰る最終日のことである。

東京出張最後の相談客として、午後の六時に喫茶店を訪れたのは、裕木《ゆうき》真希乃《まきの》という、都内の実家で両親と暮らす三十代前半の女性だった。

事前にメールでもらった話によれば、就職に関する相談とのことだった。

裕木は約束の時間ほぼきっかりに店へと現れた。アッシュブラウンに染めた明るめの髪の毛を外ハネボブにした、活発そうな印象の女性である。

　軽く挨拶《あいさつ》を交わしてまもなく、相談が始まった。

裕木は大学を卒業後、一度は一般企業に就職したのだけれど、入社からほどなくして会社の体質と自分の気風が合わないことを悟り、一年ほどで退職している。

　その後はファミリーレストランや喫茶店、コンビニ、カラオケ店など、様々な業種のバイトをしながら、自分が本当にやりたい仕事を模索し続けてきた。

　それが先頃、ようやく見つかったので、最適な面接の時期を始め、いろいろと就職に関する今後のアドバイスが欲しいのだという。

こういった相談も多いので、裕木の話を聞きながら自分なりに思いつく限りの助言を彼女に伝えた。裕木のほうも私の話に概《おおむ》ね満足してくれたようで、就職に関する相談は、予約してもらった二時間の半分もかからずに終わってしまった。

そこで、「他にも何か、気になることがあればお答えしますよ」と、水を向けてみる。すると、一拍置いて裕木の口から予想だにしない質問が飛びだした。

「郷内《ごうない》先生。わたしのこと、覚えてませんか？」

テーブルを挟んでぽつりと投げかけられた質問に、私は一瞬きょとんとなり、続いて古い記憶の中から必死で裕木の顔を探してみた。けれども残念ながら、どれだけ記憶をたどろうと、彼女の顔が頭の中に思い浮かんでくることはなかった。

「もしかして、以前も相談にいらっしゃった方でしょうか？」

のたりと首を捻《ひね》りながら質問を返すと、裕木はすぐに「ええ、そうですね」と答えた。だが、それが分かったところで、相変わらず私は何も思いだすことができなかった。

「本当に覚えてません？　ちなみに三年半ぐらい前のことなんですけど」

困ったような笑みを浮かべ、私の顔を覗《のぞ》きこむようにして再び裕木が言った。

「すみません。本当に失礼な話で恐縮なんですが、まったく覚えていないです……」

「ああ、いえいえ！　そんな丁寧に謝らなくても大丈夫です。わたし、全然気にしてませんから。それに、ある意味覚えてなくても無理ないと思うんです。以前は髪型も服装も今とは天地が引っくり返るくらい違ってたはずですから」

陽気な声で裕木は答えたが、それでもピンとはこなかった。容姿のことを言われても、三年半も経てば若い女性など、見た目が別人のごとく激変することもある。

だから完全にお手上げ状態だった。果たしてそれを見越したものか、まるで助け船をだすかのごとく、裕木がさらに言葉を続けた。

「わたしのこと、ドラゴン・タトゥーの女みたいだって言ってましたよね？」

それでようやく思いだした。なるほど、あの時の彼女か。

顔じゅうにいかついピアスをつけたり、眉毛《まゆげ》を金色に染めたりこそしていなかったが、三年半前にこの店で初めて顔を合わせた時の裕木は、デヴィッド・フィンチャー監督の映画『ドラゴン・タトゥーの女』でルーニー・マーラが演じたリスベット・サランデルよろしく、前髪をまっすぐに切り揃えた短い黒髪に、陰気なゴスメイクをしていたのだ。

その雰囲気が、どことなく『ドラゴン・タトゥーの女』のリスベットに似ていたので、なんとなく口から「似ている」と出てしまったのである。

裕木が三年半前と言うのなら、前回の相談は、おそらく二〇一五年だったのだろう。

季節は確か、初夏ぐらいだったように思う。当時の裕木は、二十代後半。厳《いか》つい感じでとっつきにくそうだった見た目に相反して、いざ相談が始まってみると、よく笑い、よく語り、それでいて礼節を欠かすこともない、できた依頼主だったと記憶している。

あの時も裕木は、今後の就職に関する相談を私に持ちかけてきたのである。

「ちょうど会社を辞めて半年も経たない頃で、『これからどうしよう』って焦っていた時だったんですが、郷内先生から『本当にやりたいことが見つかるまで、それを真剣に探すのも立派な仕事ですよ』って言われて、すごく気持ちが落ち着いたんです」

いかにも「得たり」といった輝かしい表情を浮かべ、裕木が言う。

確かにそんなアドバイスをしたように思う。だんだん当時の記憶がはっきりしてきた。

それで裕木は、差し当たっての再就職を取りやめ、たくさんのバイトを経験しながら世の中のことを学びつつ、本当にやりたい仕事を探しだすことにしたのである。結果、四年目にして希望が達成されそうとのことで、こちらも大変喜ばしいと感じる。私が改めてそう伝えると、裕木も再び感謝の言葉を返してくれた。

多少の恥をかいてはしまったものの、どうにか彼女の素性を思いだすこともできたし、この件に関しては、これでもう打ち止めだろうと思った。

ところが裕木の話は、さらに思わぬ方向に舵《かじ》を切って続けられた。

「それで、これから先は就職活動に専念しようということで、先生から勧められていた例の怪しい取材も、一区切りをつけることにしました。もしもよろしかったら、中身をご確認いただけると嬉《うれ》しいです」

わけの分からないことを言い終えるなり、裕木は持参した紙袋の中から大学ノートを何冊も取りだし、テーブルの上に重ねた。ノートは全部で十二冊もあり、全ての表紙に「取材レポート」というタイトルとナンバーが書き記されている。

「やだなあ、これも覚えてないんですか？　三年半もかけて一生懸命集めたのに」

再び首を捻《ひね》り始めた私と一緒に、裕木も少しだけ呆《あき》れた笑みを浮かべて首を捻った。

「怪談ですよ、怪談」

裕木のだした「怪談」という言葉に、こちらもようやく事情を思いだす。

全ては私の軽薄なひと言から始まったことなのだ。

「……もしかしてあの話、本気でやり始めていたんですか？」

「はい。ご存じのとおり、当時は無職だったし、その後に始めた色んなバイトの大半も、大してシフトを入れていなかったので、時間だけはたっぷりありましたから」

そう言いながら裕木は、朗らかに笑った。

二〇一五年に裕木から初めて相談を受けた際、事前に私が怪談作家をしていることを知っていた彼女は、親戚《しんせき》の叔父《おじ》が幼い頃に体験したという、お化けにまつわる怖い話を語り聞かせてくれた。

熱っぽい口調で唐突に始まったその話は、とてつもなく気味の悪い内容だった。

「よかったら、必要な時に使ってもらってもＯＫですよ」

話を語り終え、満足げに笑いながら言い添えた裕木の顔を見て、彼女が怪談好きだと思った私は、その場の短絡的な思いつきでこんな提案をしてしまったのだ。

「これからしばらく時間に余裕ができるのでしたら、せっかくですし、よければ自分でもっと怪談集めをしてみませんか？」

時間的な余裕があること以外にも、裕木にはもうひとつ、金銭的な余裕もあった。

正確な社名まで明かすことはできないものの、彼女は全国的に有名な、とある企業の経営者の一人娘だった。いわゆるお嬢さま、「お金持ちの家のご息女」なのである。

住まいも実家のため、生活費はほとんどかからない。だから当面、バイトで凌《しの》ごうが、生きていくこと自体にはまったく影響がなかったのだ。

時間的な余裕と金銭的な余裕、ふたつの余裕をうまい具合に活用すれば、それなりに怪談蒐集《しゅうしゅう》も捗《はかど》るのではないかという単純な発想から生じた、甚だ無責任な提案だった。割合としては八割強が冗談、残り一割弱がなんとなく本気だったように思う。

私の提案に対して裕木は初め、「怪談はそんなに興味があるほうでもないんです」と答えた。こちらの予測が外れてしまったことになる。失言だったなと思い、「今の話は忘れてください」と言おうとしたのだが、その前に裕木のほうが再び口を開いてしまう。

「でも怪談集めっていうのもなんだか面白そうな感じですね。普通では学べないような社会勉強もいろいろできるかもしれないし、気が向いたらやってみようかな……」

思案げな眼差《まなざ》しを空に向けながら裕木がそう言ったので、今さら話を打ち消すこともできなくなってしまった。

訊《き》けば私の書いた本を読んだこともないそうで、「読んでみたほうがいいですか」と尋ねられたのだけれど、こちらははっきりと「今は読まないほうがいいです」と答えた。

自ら本気で怪談蒐集を始める気があるのなら、他人が集めて書いたものを参考にして余計な影響を受けるよりも、集めた話を独自の感性で解釈し、記録にしたためたほうが、面白い結果を生むのではないかと思ったのだ。

裕木は特に反発するそぶりもなく、「了解しました。じゃあ、先生の御本を読むのは、のちのちの楽しみにさせてもらいますね」と答えた。

ただ、こちらの提案も話の流れに合わせ、半ば口から勝手に飛び出たものに過ぎない。仮に本気で怪談集めを始める気なら、そうしたほうがよいだろうと思っただけだった。

「まさか本当に集めているとは思いませんでした。なんだかこっちの勝手な思いつきで、とんでもない苦行をさせてしまうことになってしまったようですね。本当に申し訳ない。心からお詫《わ》び申しあげます……」

「だからそんなに謝らないでくださいよ。あれからすぐに始めたんですけど、約三年半、怪談集めを続けて、たくさんの人たちと知り合うこともできましたし、怖い思いも含め、これまで経験したことのない貴重な体験も、たくさんさせていただくことができました。楽しかったです。その成果をまとめたのが、このノートなんですよね。もしよかったら受け取っていただけますか？　ちなみに全部で二百話ほど集めることができました」

テーブルに積み重ねられたノートの冊数から見て、かなりの数の話を集めたのだとは思っていたが、まさかそんなに集め抜いたとは思っていなかった。

そうして驚いているさなか、裕木はさらにこちらが耳を疑うような説明を始めた。

「実はこれ、一冊目の一話目に書き記しているのは、以前にわたしが郷内さんに話した、叔父の体験談なんですが、二話目は以前勤めていた会社の同僚から聞かせてもらった話。その次は、同僚に紹介してもらった友達の体験談。さらにその次は、その友達の彼氏が体験した話っていう感じで、人の線が途切れることなく話が続いていくんです」

裕木の語るところによれば、所詮《しょせん》は素人なので、いざ怪談蒐集を始めようと思っても、果たしてどういったタイプの人がそうした体験をしているのか分からない。

そうしたところへ以前、会社員時代に同僚の女性が語ってくれた怖い話を思いだした裕木は、さっそく彼女に連絡を取り、取材相手の第一号とした。

「不精な感じですけど、彼女に改めて話を聞かせてもらったあと、『他にも怖い体験をしている人がいたら教えて』って伝えたんです。そしたらすぐに友達を紹介してくれて、あとはそれが延々と継続されていった感じ。まあ……時には新しい人が紹介されるまで、それなりに時間がかかることもありましたし、取材をしても『いまいちかな？』という話もあったんですけどね」

それでもせっかくなので、取材相手からの紹介の糸が途切れたら、その時にやめよう。そんなふうに考えながら、次々と紹介される取材相手から様々な怪しい話を聞き取り、記録に収めてきたのだけれど、結局、紹介の線は途切れることなく、三年半も続いた。

今後も継続しようと思えば、おそらく継続できそうだったが、これから先は就職活動に専念したいとのことで、怪談集めは卒業することにしたのだという。

「実際に怪談蒐集を始めていたことにも驚いたんですが、それ以上に怪談話の集め方と、集めた数にびっくりさせられました。すごいです。なかなかできることじゃないです」

「そうですか？　最初の同僚以外は、全部人任せに紹介してもらった方ばかりですよ？　取材相手を自分で探す手間はなかったし、取材自体も相手の話を聞いて、内容を正確に書きまとめていくだけの作業ですから、そんなに大変じゃなかったですし」

　別段、苦労したそぶりを見せることもなく、あっけらかんとした調子で裕木は答えた。だが、それは単に「苦労をした」という自覚が、本人にはないというだけの話である。誰かが彼女と同じことをやるとしたら、かなりの苦労を強いられる羽目になるだろうし、仮にやる気があったとしても、取材の線自体が途中で潰《つい》えてしまうのではないかと思う。

　裕木に断り、ノートを一冊開いてみると、六ミリ間隔のB罫線《けいせん》で横向きに区切られた紙面には取材日時の表記を筆頭に、取材相手の名前や住所が正確に書き記されている。

　それに続いて取材相手から聞き取った話の内容が、黒い水性ボールペンの細かい字でびっしりと書き綴《つづ》られているのだが、本文を読むだけでは理解しづらいくだりや、取材相手が仕事で使う専門用語、方言などを用いた場合には、紙面の下部などに脚注を設け、そちらでくわしい解説をおこなうなどもしている。

　そうした構成で作られた十二冊の取材ノートは、一目しただけで完璧《かんぺき》な仕上がりだと理解できたし、中途半端なやる気と情熱では、到底完成には漕《こ》ぎつけられないであろう、とてつもなくレベルの高い代物だと理解することができた。

ノートに記されている情報量の凄《すさ》まじさから察して、取材相手にはおそらくかなりの数の質問や、話の聞き直しもおこなったのだろうと思う。のんべんだらりと相手の話を聞いているだけでは、これだけの情報を物にすることはできないはずである。

「プロの怪談作家でさえ、こんなに情報が充実した状態で、しかもこれだけ大量の話を集めるのは至難の業というものですよ。取材に対する熱意も含め、それに見合うだけの才能もなければ達成できないことだと思います。お世辞抜きで本当にすごいです」

「そんな！　そこまで褒めちぎられるくらい、立派なものじゃないですよ。大体わたし、パソコンのキーボードで長い文章を打つのが苦手なんですね。だから恥ずかしいことに、取材内容も全部手書きでノートにまとめることになっちゃいましたし」

私の賞賛に裕木は苦笑しつつ応《こた》えたが、そんな些《さ》末《まつ》なことはどうでもよかった。

彼女には間違いなく、怪談取材における天稟《てんぴん》がある。

三年半前、初めて対面相談で話した時に感じた、あの気さくで自然と打ち解けやすい人柄を、おそらく取材時にもいかんなく発揮したのだろうと思う。だから取材相手からこれだけ細かな情報を汲《く》み取ることができたのではなかろうか。

それに加えて、人から無作為に紹介される見知らぬ他人と会うことに、躊躇《ちゅうちょ》もしない強い度胸と探求心も彼女は兼ね備えている。

そのうえ、バトン形式の怪談取材が三年半も続いたのだというのだから、強い運にも恵まれたのだろう。ある意味、それ自体がすでに怪談じみているとさえ思える。

「それ、完成した暁には、先生に差しあげるつもりで書き集めていたものなんですよね。ということで、ご迷惑じゃなければ受け取っていただけますか？」

「え、いいんですか？　物凄《ものすご》く貴重な一品物ですよ。コピーも取ってないんでしょ？」

「初めから差しあげるつもりで集めていたんですから、いいんです。そんなことよりもわたしとしては、自分なりに一区切りをつけられるまで取材を続けられたことのほうが、貴重な財産になってます。だから全然満足しています」

「そうですか。じゃあ、遠慮なく受け取らせていただきます。ありがとうございます」

　私が礼を述べると、裕木はノートを紙袋に詰め直し、私の前へと差しだした。

「よし。これでわたしは心置きなく就職活動に専念できるし、ようやく先生の書かれた御本を読ませていただくこともできるというわけです。さっそく帰りに買っちゃおう」

「ああ、未《いま》だに読んでいなかったんですか？」

「はい。だってあの時、『今は読まないほうがいい』って言ってたじゃないですか？」

「読みたかったら、好きな時に読んでもよかったのに……と言ったらさすがに無責任か。だけど、こうして面と向かってまっすぐ宣言されると、なんだか少し恥ずかしいな……。まあ、楽しく読んでもらえれば光栄です」

「先生も、本当にお手すきの時で構いませんから、わたしの労作、読んでいただけると光栄です」

「分かりました。大事に読ませていただきます」

その後、八時を少し過ぎる時間まで、裕木の口からのべつ幕なしに飛びだす世間話に付き合い、それから喫茶店の前で彼女と別れた。

取材で集め続けた怪談話の具体的な内容については、特に話題に出ることはなかった。すでに文章としてまとめてしまったものなので、今さら口頭であれこれ説明するよりも、実際に読んでもらったほうがよろしいでしょうから、とのことだった。だからこちらもノートを受け取ってからは、怪談に関する話題を裕木に向けることは一切しなかった。

ただ、その理由は単に、彼女の意向に従ったからというだけではない。

私が適当に発案してしまった怪談蒐集《しゅうしゅう》の話を三年半もかけ、本気で遂行してくれた彼女には大層申しわけないことなのだけれど、この頃の私は、あまり怪談というものに積極的な思いを抱けずにいた。

理由は生活に関する諸問題。大病の件も含め、昨年頃から私の身辺では、これまでの生活を根底から覆すような様々な問題が勃発《ぼっぱつ》していた。それらがもたらす悩みと不安が大きすぎて、怪談を娯楽として享受できるほど、心に余裕がなかったのである。

何にも増して、いちばん大きな問題になっていたのは、妻だった。

昨年二月に私がグルーヴ膵炎《すいえん》で倒れる少し前、一月の下旬を迎えた頃である。なんの因果か、私よりもはるかに若い妻の真弓《まゆみ》も、完治が困難とされる重い病に倒れ、その後は互いが療養するため、今現在も別居状態が続いている。

身内間における煩瑣《はんさ》な話になるため、詳細までを語る気はないが、別居を始めて以来、私と妻は互いの意思で連絡を取り合うこともできなくなってしまい、すでに一年近くも音信不通となっていた。妻の容態については、「未だに芳しくない」ということ以外にくわしいことは何も分からない。

さらに加えてもうひとつ。

グルーヴ膵炎と診断されて九ヶ月近くが過ぎた、昨年十一月辺りからのことである。私はこれまでの間、特に何も意識せずとも視《み》えていた、この世ならざる者たちの姿をほとんど目にすることができなくなってしまった。声や気配も幽《かす》かで微小なものとなり、以前と比べ、その頻度自体も激減した。原因はまったくもって不明である。

本来ならば、こんな感覚を有していることのほうが、むしろ異常と言えるものなので、感覚が薄れたということは、自分が「正常な人間」に戻りつつあるという解釈もできる。けれどもこうした特異な感覚は、物心のついた頃から自然と備わっていたものなのだ。それらが急に薄れてしまうというのは、私にとって極めて異常な事態に他ならなかった。ゆえに安心どころか、得体の知れない不安に煩悶《はんもん》することになってしまう。

他にもいくつか大きな問題を抱えた状態だったので、私の心は疲弊していたのである。何事もなく取り繕っていたつもりでも、感性は大きく減退していたように思う。

だからこの日、私は裕木と怪談話に花を咲かせることはなかったし、本音を言うなら彼女からの貴重な贈り物も、すぐに開いて読んでみたいという気にもなれなかった。

結局、裕木の取材ノートを改めて開いたのは、都内から宮城の自宅兼仕事場へ戻って一週間近くが過ぎた頃。まもなく一月も終わろうとするひどく寒い晩のことだった。昼過ぎから自宅の奥座敷に構えた仕事場で原稿を書いていたのだけれど、当然ながら書いているのは、いつものごとく「怪談実話」である。

気分を乗せようにもうまくは乗らず、何時間経っても、筆は思うように進まなかった。もやもやしながら座卓の上へと置いたノートPCと睨《にら》み合っているうちに、気づけば時刻は夕方を迎え、あっというまに日が暮れ落ちてしまった。

一度気分を変えようと、早めに夕飯を食べたのだが、こんな時に独りで食べる食事は、気持ちを一層暗くさせ、食後はますます筆の運びが悪くなってしまった。

どうしたものかと煩悶しつつ視線を泳がせていると、拝み屋の仕事で使う祭壇の脇に立てかけられている紙袋が目に留まった。

都内から帰宅した日に置いたまま、あとは触れることさえなく放置していたのである。

さすがにそろそろまずいかな、という思いが立ちこめてくる。

この時書いていた原稿は、『拝み屋怪談　壊れた母様の家〈陰〉』という長編だった。前半に当たる『〈陰〉』と、後半に当たる『〈陽〉』の二部構成からなる大作である。主には二〇一六年の初秋から真冬にかけ、拝み屋の私自身が大きく関与した話なので、全体の流れは把握しているし、書くべきことも決まっている。

だからうまく書けないからといって裕木の取材ノートを開いたとしても、原稿執筆に直接有用なヒントが得られるわけではない。そんなことは百も承知のことである。

ただ、一度は中身をしっかり読まないと、裕木に対してあまりに失礼だろうと思った。そもそも不可抗力だったとはいえ、これは私が彼女を半ばそそのかして完成したような代物である。礼儀どころか、きちんと目を通さなければならない義務があるのだ。

どうせ昼から筆は一向に進まないのである。

寒さのせいか、体調もあまり芳しくない。気分のほうはさらに振るわない。こんな時はどれだけPCの前に齧《かじ》りつこうと、光明が差しこむことなど無きに等しい。ならば、書けない代わりに今夜は大いに読もうと思い、ようやくのことで祭壇の脇に立てかけていた紙袋を座卓の上へ持ってきた。

改めてノートを開いてみると、裕木がまとめた取材記録は、目を見張るほどに緻密《ちみつ》で、一話一話が膨大な情報量を擁するものだと分かった。

飾り気のない簡素な文体は内容を理解しやすく、すらすらと読み進めることができる。

多少理解のしづらいくだりが出てきても、同じページか次のページにかならず注釈がついているので、そちらを参照すればすぐに問題は解決するようになっている。

やはり彼女には天稟がある。素晴らしくセンスがいいと思った。

だから初めのうちこそ、半ば自分が果たすべき「義務」として読み進めていたものが、一冊目も読み終わらないうちに、すっかり夢中になってしまった。

そしていつのまにか私は、時間が経つことも忘れ、裕木の書きまとめた取材ノートを食い入るように読み耽《ふけ》るまでになってしまう。

おそらく今夜は、長い夜になるだろう。

そんな予感も抱きながら、私はまるで何かにとり憑《つ》かれたかのように、細かな文字でびっしりと埋め尽くされた取材ノートを飽きることなく捲《めく》り続けた。

次頁より、本書の本編として始まる裕木真希乃の取材記録は、著者である私が彼女の手記に基づき、怪談実話として再筆したものである。

プライバシーの問題を考慮して、取材相手を始めとする、登場人物の名前は原則的に仮名表記とした。

話中に登場する地名や公共施設の名称については、開示しても支障のない範囲までの表記に止《とど》めている。

その他、公序良俗に反する話題や、あからさまな差別を意図する表現などが話の中に登場する箇所については、私の判断で適宜修正、ないしは削除をおこなっている。

ただし、話の大筋そのものについては大きな手を加えたものは一切ない。

これは都内を中心に、およそ三年半をかけて蒐集された、臨場感と生々しさに溢《あふ》れる〝生きた怪異〟の記録である。

お化けのいる家【記録日　二〇一五年六月二十三日　火曜日】

裕木真希乃の怪談蒐集は、二〇一五年の六月末から始まっている。

だが、取材ノートの出だしは二〇一五年の初夏、新宿での対面相談時に、私が裕木に聞かせてもらった話から詳細に書き綴《つづ》られている。

先にも少しだけ触れた、裕木の叔父《おじ》が子供時代に体験したという話である。


裕木の叔父・裕木弥太郎《やたろう》さんは、彼女の父の弟に当たる人物である。

昭和四十年代の中頃、弥太郎さんが小学校二年生か、三年生の時の出来事だという。

裕木の実家であり、弥太郎さんの実家でもある裕木の本家は、二十三区内の中西部に位置する、閑静な住宅街の中にある。

二学期を迎えてしばらく経った晩秋の休日、弥太郎さんは自宅で暇を持て余していた。

両親は午前中に幼稚園児の妹を連れて、千葉の親戚《しんせき》の家に出かけていってしまったし、四つ年上の兄も昼食を食べてすぐ、友達の家へ遊びに出かけていった。

家にいるのは弥太郎さんと祖父、お手伝いの女性だけである。

その祖父もしばらくすると、「用事があるので、車で出かけてくる」と言う。

「連れてって」とせがんだのだが、祖父は「大人の用事だから駄目だ」と言って断った。そうして、庭先のガレージに停めてある自分の車に向かい、エンジンを掛ける。弥太郎さんはその様子を、前庭の少し離れた場所からこっそり眺めていたのだけれど、エンジンが掛かって車が走りだすかと思いきや、ほどなく運転席から祖父が降りてきて、家の中へと急ぎ足で戻っていった。何か、忘れ物でもしたのかと思う。

車はエンジンが掛けられたままで、ドアの鍵《かぎ》も開いたままになっている。

そこで弥太郎さんはピンと閃《ひらめ》き、車のほうへと足早に向かって行った。

祖父の愛車は2ドア式のクーペで、車体の後部には、跳ねあげ式のリアゲートがある。リアゲートを開けた先には、ドライブが趣味の祖父が車中泊の際に使う毛布や枕などの寝具が、いつも雑然とした形で積みあげられている。

毛布に身を隠して車に乗りこめば、祖父に見つからないのではないかと思った。

祖父が戻ってくる前に運転席のドアを開け、後部に積まれた寝具の山の中へ潜りこむ。積まれていたのは薄手の毛布とタオルケットだけだったので、大した重さも息苦しさも感じなかった。これはいけると確信する。

寝具の隙間へ素早く身を隠してまもなく、祖父が戻って来る足音が聞こえてきた。

続いてドアが開いて再び閉められ、車がなだらかな速度でガレージを抜けだしていく。

車が家の門口を出て公道を走りだしてからも、祖父は弥太郎さんの存在に気づくことは一切なかった。

祖父はドライブがてら、美味《おい》しい店で食事をすることが多かったし、デパートなどへ買い物に立ち寄ることも多かった。

どこかで車が停まった時に姿を現せば、自分もそうした楽しみにありつけるだろうし、祖父が誰かの家に行くのだとしても、知り合いは大抵、羽振りのいい人たちだったから、そこでも何か美味しい物をご馳走《ちそう》してもらえるかもしれない。

暇を潰《つぶ》しがてら、そんな算段があっての潜伏だった。

弥太郎さんの心密《ひそ》かな企《たくら》みなどいざ知らず、車は知らない目的地へ向かってぐんぐん走り進んでいく。

そうしてしばらくの間は、車外から聞こえてくる街の音や他の車のエンジン音などを聞きながら、静かに身を潜めていたのだが、この日は朝から少し肌寒かった。

そこへ車内のヒーターが放つ暖気と身を包《くる》めた寝具の感触が心地よく、弥太郎さんは自分でも気づかぬうちに、いつしか寝具の中で深い眠りへ落ちていった。

再び目覚めたのは、車のドアが開閉する音が耳に聞こえた時だった。

続いて祖父の足音が、車からどこかへ向かって離れていくのが聞こえてくる。

すぐに起きようとしたのだけれど、寝起きで身体が思うように動いてくれなかった。

ようやく起きあがれたのは、祖父の足音が完全に聞こえなくなってからのことである。

車を降りる前に、まずは車内の窓から外の様子をうかがってみる。

ガラス越しに見えたのは、周囲を深い森に囲まれた、小さな集落のような光景だった。

車は砂利の敷かれた広い地面の上に停まっており、その目の前には、背の低い垣根と数本の庭木に挟まれ、瓦《かわら》屋根の小さな民家が立っているのが見える。

祖父の車の近くにも車が数台停まっていたが、中には誰も乗っていなかった。

民家のほうにも人の気配は感じられず。祖父の姿も確認できない。

寝ぼけ眼を擦《こす》りつつ、ようやくドアを開けて車外へと降り立つ。

　土地の周囲を悉皆《しっかい》、覆い尽くすかのように密生している森の樹々の葉は、その大半が赤や黄色に染まり、鮮やかに色づいた落ち葉が、樹々の根本の地面までをも彩っていた。

　どうやら駐車場とおぼしき、砂利地の外へと向かって歩いていくと、今度は目の前に、車と車がぎりぎり行き違えるほどの幅狭な舗装道路が見えてきた。道路の向かい側にも、庭木がたくさん植えられた遠くのほうに民家が一軒立っている。

　家は他にも、道路の脇から延びる細い小路の先に立っているものや、少し離れた先で深々と生い茂る庭木の陰に隠れるようにして、ひっそりと立っているものもあった。

それらをつぶさに眺めながら道端を歩きだしたのだけれど、どこに行ったらよいのか分からなかったし、そもそもここがどこなのかさえも分からなかった。

　時計を持っていないため、自分が何時間寝ていたのかさえも分からない。

ただ、自宅を出発した時よりも、日は少しだけ陰ってきているように感じられたので、少なくとも出発から二時間程度は経っているのではないかと思った。

祖父には以前何度か、昆虫採集や渓流遊びなどをする際に、都内の自然が多い場所に連れていってもらったことがある。いずれも楽しい体験だった。けれどもここには、そうした胸躍るような感覚など、少しも抱くことができなかった。代わりにその場に立っているだけで、心拍数が勝手に跳ねあがり、息苦しくなってくる。辺り一面に漂う空気も鉛のように重たく感じられ、息を荒げて吸えば吸いこんだ分だけ、むしろ気分がどんどん悪くなっていくようだった。

馬鹿な真似をするのではなかったと後悔し始めながら、祖父の姿を求めて歩き続ける。停めた車からそんなに離れた場所まで行くとは思えないので、多分、この辺りに立つ民家のいずれかに入ったのだろうと思う。

ただ、どの家に入ったのかは分からないため、積極的に探すことはできない。

それでもひとつだけ、なんとなくあそこではないかという場所はあった。

狭い舗装道路から、二十メートルほど先に見える道のどん詰まりには、御殿のごとく立派な屋敷が立っていた。

真っ黒な屋根瓦《やねがわら》が載った三階建ての大きな建物で、その構えは普通の民家というより、旅館のような宿泊施設、あるいは博物館や郷土資料館などを彷彿《ほうふつ》させる造りである。

この辺りで祖父が入りそうな建物といえば、なんとなくここだろうという感じがした。車に戻るべきか少しの間、悩んだのだが、近くに行って様子だけでも確認しようと思い、御殿に向かって進んでいった。

ほどなく御殿の前までたどり着き、辺りの様子をうかがってみる。

相変わらず、戸外に人の様子は見られず、御殿の周りに植えられている立派な庭木が見えるばかりである。

建物の真正面にある古びた巨大な格子戸も、ぴたりと閉めきられていた。

だが、格子戸の脇で耳を澄ましながら静かに気配をうかがっていると、やがて中からほんのかすかにだけれど、人の声が聞こえてきた。

祖父の声かと思ってさらに耳をそばだてたのだが、この位置からでは音が小さ過ぎて、判然としない。そこで場所を変えてみることにした。

正面の格子戸から建物の側面へと向かって移動しつつ、声の位置を探っていく。
一階の外壁部には、無数の格子窓がほとんど等間隔でずらりと並んでいるのだけれど、いずれも曇りガラスが嵌《は》められているため、中の様子を覗《のぞ》くことはできなかった。
ただ、声のほうは側面まで移動すると、先ほどよりいくらか聞こえやすくなってきた。
まだまだ何を話しているのかまでは聞き取れなかったものの、やはり祖父の声である。
声はもうひとつ聞こえてきていたので、屋敷の中で誰かと話をしているのだと分かった。

建物の側面を進んでいけばいくほど、声は少しずつ明瞭《めいりょう》に聞こえてくるようになった。
ならば祖父は、屋敷の奥のほうにいるのではないかと思う。

前方ではちょうど側面の壁も途切れて、裏庭の様子が間近に見えてきたところだった。
今度は裏へ回って、声の位置を特定しようと考える。

側面の角から屋敷の裏側へ曲がると、無数に植えられた庭木の中央辺りに、円形状の大きな花壇が広がっているのが見えた。直径五メートルほどはあるだろうか。中には見事に開いた菊の花ばかりが、内側から白、黄色、薄紫と、花壇の形に沿った三重の円を描いて綺麗《きれい》に色分けされ、びっしりと植えられている。

物珍しさに思わず心を奪われ、自然と足が花壇のほうへと近づいていった。

ごつごつした大石で区切られた花壇の縁の前へしゃがみこみ、綺麗に咲いた菊の花をじっくりと眺め回す。

と、そこへふいに前方で、がさがさと乾いた音が鳴り響いた。なんだと思って視線を向けると、花壇の中心部に位置する白い菊の中から、真っ白な着物を着た人影がこちらに背を向け、すっくと立ちあがったところだった。

背丈は弥太郎さんよりもだいぶ大きい。けれども髪型が黒いおかっぱだったおかげで、すぐにそれが子供だと分かった。おそらく、中学生ぐらいの女の子ではないかと思う。

すかさずその場に身を伏せ、息を潜めた。

疚《やま》しい動機はないとはいえ、他人の地所へ勝手に入りこんでいることに変わりはない。相手が何者であろうと、姿を見られるのはまずいと感じた。

幸いにも、周りは旺盛《おうせい》に繁茂した庭木だらけである。向こうの様子をうかがいながら庭木の陰から陰を伝って逃げだせばいいと、瞬時に妙案が浮かぶ。

「いける」と判じるなり再び身体をしゃがみこませ、花壇の中に屹立《きつりつ》している女の子の様子をそっと覗き見る。だがその時だった。

女の子が突然、こちらへくるりと面を向けた。

その顔を見たとたん、弥太郎さんの口から凄《すさ》まじい悲鳴が絞りだされる。

女の子の顔は、ぼこぼこと異様な形に歪《ゆが》んで膨れ、原形を留《とど》めていなかった。

目も鼻も唇も頰も、まるで顔の各部が、肌色の水風船と化したような面貌《めんぼう》だった。形も大きさもばらばらになって膨れあがり、小さな顔面の中で互いにぎゅうぎゅうとくっつき合った肉の塊のひとつひとつは、柔らかな弾力を帯び、女の子のかすかな首の動きに合わせて左右にふるふると揺れ動いて見せた。

一目するなり、お化けだと直感し、悲鳴とともに激しい震えが全身を見舞う。逃げだそうと思っても、駄目だった。勝手に始まった悲鳴も震えも、治まるどころかますます大きくなっていく一方で、身体がまったく言うことを聞いてくれない。

そのさなか、花壇の中に屹立していたお化けが、すっと姿を掻《か》き消した。

太い息を吐き漏らし、安心しかけたのもつかのま、次の瞬間、お化けは弥太郎さんのすぐ目の前にぬっと姿を現して、視界一面が膨れあがった顔面に埋め尽くされた。拳骨《げんこつ》ほどのサイズに膨張した右の目蓋《まぶた》の奥からは、滑《ぬめ》り気を帯びた黒目がちな眼球が小刻みに震えながら、こちらをじっと見つめている。

悲鳴は自分の鼓膜を張り裂くほどの大絶叫へと変わった。

「弥太郎！」

眼前に迫ったお化けの恐怖に竦《すく》みあがり、ありったけの声を絞りあげている時だった。

突然どこからか、祖父の叫ぶ声が聞こえてきた。

続いて、癇癪玉《かんしゃくだま》が破裂するような音が耳元で弾《はじ》け、両頬に鋭い痛みが走る。

痛みと驚きにはっとなって身を捩《よじ》るなり、今度は両肩を強い力でがっしりと摑《つか》まれた。

反射的に視線を向けた先には、弥太郎さんの両肩を摑んでこちらを見おろす、祖父の顔があった。

「お前、こんなところで何をしてる？」

祖父の問いかけに、すかさず事情を説明しようとする。

だが、はたと気づくと、いつしかお化けの姿はどこにも見えなくなっていた。

代わりに、裏庭の花壇の前に面した建物の掃き出し窓ががらりと開け放たれ、窓辺に白い着物姿の女が立っている。

女は冷ややかな目つきで、こちらをじっと見つめていた。

その目を見るなり、お化けとはまったく別種の、得体の知れない恐怖が湧いてくる。

年頃は、自分の母よりもだいぶ上のようだと思う。けれども、その面貌と立ち姿には、年齢を超越した、まるで生き人形のごとき不思議な若々しさが感じられた。

丸みを帯びた小さな顔にはしわひとつなく、頭のうしろで丸く結わえられた黒髪には、針のごとく細い艶《つや》が幾重にも妍《しな》やかな線を描いて輝いている。

　顔立ちもすっきりと整っていて、何事もなければ、とても綺麗な人だと思うのだろう。

　だが、今は違った。女がこちらを見つめる眼差《まなざ》しは氷のように寒々と冷えきっていて、まともに目を合わすことさえ、恐ろしくて堪《たま》らなかった。

　女から祖父のほうへと視線を戻し、びくびくしながらも、今に至るまでの経緯を含め、お化けに襲われたことも説明する。けれども祖父は、まったく取り合ってくれなかった。

　代わりに「馬鹿者ッ！」と怒鳴りつけられ、頭に思いっきり拳骨を喰《く》らわされる。

　目の中に火花が咲き乱れて視界が一瞬、真っ白になり、痛みは頭の芯《しん》まで重く響いた。

　祖父の怒りは本物だった。祖父がここまで憤激するのを見るのも初めてのことだった。

　たちまち耐えきれない気持ちになり、「わっ！」と声を張りあげ、泣きだしてしまう。

　そうして弥太郎さんが嗚咽《おえつ》をあげ始めて、まもなくのことだった。

「よろしいでしょうか」

　それまで沈黙していた女が突然、祖父に向かって口を開いた。

　その声風《こわぶり》は、あたかもこれまでの一幕を打ち切るような、ぶっきらぼうな響きだった。

　女は語る言葉が難しく、何を話しているのかほとんど理解することができなかったが、「約束を破られては困る」「二度と来ないでください」という二言だけは聞き取れた。

　それを聞いた祖父は、真っ青になって女の許《もと》へ駆け戻り、何度も頭をさげて謝った。

　だが、女のほうはそんなことなど意にも介さぬそぶりで、あとは石のように押し黙り、冷たく強張《こわば》った眼差しで、静かに祖父を威圧するばかりだった。

有無を言わせぬ態度に祖父もとうとう諦《あきら》め、退散することになる。

祖父は一旦《いったん》、建物の中へと戻り、弥太郎さんが表側の玄関口へ向かって待っていると、ほどなく靴を履いて外へ出てきた。

駐車場らしき敷地へ戻る途中も、車に乗りこんでからも、祖父は無言のままだった。

弥太郎さんのほうは、気まずい思いを抱えたまま助手席に座り、緩やかに走りだした車の窓から外の景色を漫然と眺め始める。

幅の狭い舗装道路の両脇に立つ民家には、相変わらず人の姿も気配も見受けられない。道端を歩く人ともすれ違うことはなかった。

そうして狭い道筋を先ほどの建物とは反対方向に進んでいくと、またしても目の前に大きな屋敷が見えてきた。

こちらは平屋建てで、車の進行方向からは建物の裏側が見える。道路は屋敷の外周に沿って延びていた。車も屋敷の外周を回るようにして、とろとろと先へ進んでいく。

そうして道なりに進んでいくと、まもなく車は屋敷の表側へと回り、続いて目の前に平屋建ての屋敷に負けぬほど巨大な長屋門が見えてきた。その両脇には背の高い瓦《かわら》塀が、視界の端まで延々と連なっているのが見て取れる。

なんだか妙だと思っていたところへ、車はそのまま長屋門をくぐり、向こう側へ出た。背後を振り返ってみると、そこには巨大な長屋門と瓦塀の連なる光景が見えるばかりで、道中目にした民家はひとつも見えなくなっていた。

　ならば、先ほどまで自分がどこかの集落だと思っていたのは、実はとてつもなく広い敷地を有する屋敷の中に存在していたものだということになる。

　嘘だろうとは思いながらも、そうとでも考えなければ、どこかの集落を抜けだすのに、わざわざ誰かの家の長屋門をくぐり抜けねばならない理由が思いつかなかった。

帰りの道中、祖父は屋敷の詳細についてはおろか、白い着物姿の女についても、女にどんな用事があって会っていたのかも、一切話してくれなかった。

代わりにひどく冷たい声で「今日あったことは、誰にも絶対に話すな」とだけ言われ、あとはほとんど無言のまま、二時間ほどかけて帰宅した。

　それから八年後、祖父が病気で他界したのち、弥太郎さんはこの日に起きた出来事を初めて両親に告白した。

だが、両親もそんな得体の知れない屋敷のことなど一切知らなかったし、当然ながら、祖父がそうした場所へ行っていたこともまったく関知していなかった。

　弥太郎さん自身も幼い頃のことなので、件《くだん》の屋敷がどこにあったのか、今となっては僅《わず》かな手掛かりすらも思いだすことができない。

　どろどろと摑みどころのない、まるで夢のような出来事に感じる時もあるのだけれど、それでも記憶をたどれば、あの時、色とりどりの菊が咲き誇る花壇で見たお化けの顔が、今でも脳裏に生々しく蘇《よみがえ》ってくるのだという。

這《は》いよる白い手【対面取材　二〇一五年六月二十八日　日曜日】

　ここから先が、裕木真希乃の手がけた怪談取材の開幕となる。

最初の取材相手は、裕木が以前勤めていた会社の同僚で、愛佳《あいか》さんという女性である。

彼女が小学三年生に進級した頃の話だという。

　それまで愛佳さんは、両親の寝室で寝起きを共にしていたのだが、進級をきっかけに自室を宛てがわれることになった。

彼女の自室になったのは、二階の一室。以前は物置として使われていた部屋だった。家の北側に面した部屋だったので日当たりは少々悪かったけれど、八畳敷きの畳部屋は、幼い愛佳さんにとって十分過ぎるほどの広さがあって満足だった。

　家族総出で室内に堆《うずたか》く積まれた荷物を運びだし、今度は愛佳さんの私物を運び入れる。学習机や本棚、箪笥《たんす》などをあらかた運び終えると、たちまち自分の部屋らしくなった。

　独りきりで自室に寝るのは少し緊張したものの、勇気をだして一夜を過ごしてみると、怖さなどより楽しさのほうが勝って、すぐに馴染《なじ》むことができた。

そうして、初めてひとりで寝起きを始めて、一週間近くが経った頃である。

夜、部屋の中央に敷いた布団の中で寝入っていると、妙な気配に気づいて目が覚めた。

目蓋を閉じたまま、そっと様子を探ってみる。

すると、暗い部屋のどこからか、かさかさと乾いた音が聞こえてきた。

そっと耳を澄ましてみると、音は布団の足元側に面した、畳のほうから聞こえてくる。

音を聞くなり直感的に、何かが這うような音だと思った。

はっとなって目を開き、布団から起きあがったとたん、今度は悲鳴が絞り出た。

常夜灯の薄明かりに照らしだされた布団の足元の畳の上に、真っ白い手が這っていた。

それは常夜灯の投げかける橙色《だいだいいろ》の弱光に染めあげられながらも、異様なまでに生白く、蠟燭《ろうそく》でできているかのようだった。

薄闇の中に蠢《うごめ》く手は、肘《ひじ》から少し上の辺りでぶつりと切れて、そこから先は何もない。

そんなものが五本の指を蜘蛛《くも》の脚のごとく畳の上に突きたてながら、布団に向かってぐんぐん近づいてくる。

悲鳴をあげたまま布団から抜けだし、すぐさま階下の寝室で眠る両親の許へ向かった。

怯《おび》えた愛佳さんの様子に両親もすぐに飛び起き、騒ぎを聞きつけた祖父母も起きてきた。

ところが家族に事情を説明し、再び自室へ戻ってみると、白い手は忽然《こつぜん》と消えていた。

みんなで恐る恐る机の下や家具の裏側などを探しても、手などどこにも見当たらない。

結局、「夢でも見たのだろう」と言われたものの、愛佳さんの恐怖は治まらなかった。

その後は、昼間に自室で過ごすのもなんとなく怖くなってしまい、再び両親の寝室で寝起きを共にするようになった。

ただ、半月近くも経つ頃になると、痺《しび》れを切らした母から「いい加減にしなさい」と叱られてしまい、泣く泣く再び自室で寝かされることになった。

自室での就寝を再開したその晩、怖さでなかなか寝つけずにいると、またぞろ部屋のどこからか、かさかさと乾いた音が聞こえてきた。

音を聞くなりぎょっとなって跳ね起き、びくびくしながら音の出処を探り始める。

するとまもなく、音は押入れの中から聞こえてくることに気がついた。

大急ぎで部屋を飛びだし、眠っていた両親を起こして再び戻ってくると、すでに音は聞こえなくなっていたが、構わず中を開けて調べてもらった。

ぎゅうぎゅう詰めになって収納されていた段ボール箱や衣装ケースなどを片っ端から取りだしていくなか、ふいに真っ白い腕がごろりと出てきて、思わず悲鳴があがった。

だが、畳の上に転げ出てきたそれをよく見ると、腕とはいっても生身のそれではなく、マネキンの腕だった。

聞けばその昔、父が美大に通っていた頃、デッサン用に買い求めたものなのだという。

長らく使っていなかったので、今までずっと忘れていたとのことだった。

腕を処分した翌日からは、怪異は一切起こらなくなったそうである。

お岩さんの映画【対面取材　二〇一五年七月四日　土曜日】

先にも触れたとおり、裕木は愛佳さんの取材を終えたのち、彼女に次なる取材相手の紹介を申しこんでいる。

『他にも怖い体験をしている人がいたら教えて』

裕木自身としては、ほんの軽い思いつきから飛び出た冗談交じりのお願いだったので、ほとんど期待はしていなかったのだけれど、予想外にも取材から数日後、愛佳さんから早々に連絡が来てしまった。

彼女の大学時代の友人で、柚《ゆず》さんという女性が奇怪な体験をしているのだという。

さっそく予定を擦り合わせ、彼女の話を聞かせてもらうことにした。

二年ほど前のことだという。

お盆休みに地元の栃木へ帰省した柚さんは、高校時代に仲のよかった同級生の三人と、久々の再会を果たした。

せっかく集まったのだから、みんなで何かしようということになって、安直ながらも思いついたのが、季節柄、お泊まり会を兼ねた怖い映画の鑑賞会だった。

会場は、友人のひとりが自室に使っている実家の離れ。

映画は最近のものだと、CGばかりで凄《すご》みに欠けそうとのことで、昭和の古い時代に制作された『四谷怪談』ばかりを三作選んで借りてきた。

そうして夜の七時過ぎから、友人宅の離れに柚さんを含む四人が集まり、薄暗くした室内で楽しく酒を酌み交わしながらの『四谷怪談』鑑賞会が始まった。

映画はどれも予想していた以上に恐ろしく、史実が原典という不穏な背景も手伝って、何気ないシーンにも異様な緊迫感を抱いてしまう。

だから、みんなで自然と肩を寄せ合い、「怖いね」と言いながら観ていたのだけれど、その中で結菜《ゆな》さんという娘《こ》だけが、平気な顔をして構えている。

「怖くないの？」と尋ねると、「こんなのただの時代劇じゃん」と返された。

その後も結菜さんは、柚さんたちが映画に怯えるたび、その反応に大はしゃぎしたり、「馬鹿にしてると祟《たた》られるかもよ？」と忠告すると、「ありえないから」と笑われた。時にはお岩《いわ》さんの悪口を言いだしたりして、みんなをぎくりとさせることもあった。

その後も映画鑑賞は続き、途中休憩を挟んだ関係もあって、最後の映画を観る頃には深夜を回る時間になってしまった。

映画が始まってしばらくすると、柚さんは尿意を催し、トイレに立った。

怖いので、本当は誰かを誘って行きたかったのだけれど、先に何度かそうしたところ、結菜さんにからかわれたので、今度はひとりで部屋から抜けだした。

トイレは、離れの中の廊下を玄関口へ向かって進んだところにある。

本音はやはり怖いため、大急ぎで用を足し終え、外へ出る。

すると、薄明かりに包まれた廊下の前方を、白い着物姿の女が歩いているのが見えた。

女はこちらに背を向け、足音をたてることもなく、廊下の奥へと向かって進んでいく。

恐怖のあまり、その場に硬直しつつ様子を見ていると、女は友人の部屋のドアの前でぴたりと歩を止め、続いて霞《かすみ》のようにドアをすり抜け、部屋の中へと入っていった。

どうしたものかと悩んだものの、この場にひとりでいるのも恐ろしい。覚悟を決めて、部屋へと戻ることにした。

明かりを消した部屋の中では、友人たちがテレビの前で肩を並べて映画を観ている。

辺りをざっと見回してみたが、特に不審な様子も感じられなかった。

自分が今見たものを話すべきかどうか迷ったのだけれど、結菜さんの反応を考えると、話さないほうがいいという結論に達した。

映画は一時頃に終わり、それからみんなで布団を並べて眠りに就いた。

翌朝目覚めると、結菜さんの右の上目蓋《うわまぶた》が赤黒い色に染まってぱんぱんに腫《は》れていた。少し触れただけで、涙が出るほど痛いと言う。

あまりの偶然に恐ろしくなり、昨晩着物姿の女を目撃した柚さんを含め、誰も腫れの原因を『四谷怪談』に絡めて話す者はいなかったそうである。

手の鳴るほうへ【電話取材 二〇一五年七月四日 土曜日】

柚さんへの取材終了後、裕木はさらに彼女から、次なる取材の話まで漕《こ》ぎつけた。

柚さんの彼氏で会社員の相馬《そうま》さんも、奇妙な体験をしたことがあるのだという。

その日のうちに柚さんが相馬さんに掛け合ってくれ、すぐに電話での取材となった。

相馬さんが高校時代の話である。

冬休みに相馬さんは、隣町に暮らしている友人の家へ泊まりに出かけた。夜更かししても

その日は仕事で両親が不在とのことで、家には友人しかいなかった。夜更かししても咎《とが》める者は誰もいないため、相馬さんと友人は、家の二階にある友人の自室でゲームに興じたり、映画を観たりしながら遅くまで時間を過ごした。

そうして時計が深夜を回り、午前一時を少し過ぎた頃のことである。

深夜放送を観ながらふたりで話をしていたところへ、ふいに部屋のドアの向こうから「ぱんぱん！」と乾いた音が聞こえてきた。

一瞬、気のせいかと思ったのだが、思った矢先に音は再び「ぱんぱん！」と、やはりドアの向こうから聞こえてきた。

直感的に、誰かが手ばたきしているのだと相馬さんは感じ取った。

友人も音に気づいたようで、視線をドアのほうへと向けている。

「聞こえたか？」と友人に尋ねられ、「ああ」と答えるなり、彼の顔が強張《こわば》った。

最前まで、階下から物音はひとつも聞こえてくることはなかった。

予定が変わって、両親が帰ってきたような気配を感じることもなかった。

ならば、ドアの向こうで手ばたきらしき音を発する人物とは、一体何者なのだろう。

ぞっとし始めるまにドアの向こうから、三度目の音が「ぱんぱん！」と聞こえてきた。

思わず声があがりそうになったが、どうにか必死に堪《こら》え、代わりに相馬さんはその場ですっくと立ちあがった。そうして勢い任せにドアの前まで歩み寄り、怖《お》じ気を振るってドアノブに手をかける。

開け放ったドアの向こうには、薄暗い廊下の光景が見えるばかりで、音を発した主は見つからなかった。友人とふたりで部屋を抜けだし、静まり返った廊下の上に立つ。

その時だった。

耳をそばだて、様子をうかがっていたところへ再び、「ぱんぱん！」と音が鳴った。

今度は廊下の向こう、一階へ続く階段のほうから聞こえてきた。

はっとしつつもすかさず駆けだし、階段の前へと至る。だが、暗闇に包まれた階段に視線を凝らしても、やはり人影は見当たらない。

そこへ再び、「ぱんぱん！」と音が聞こえてきた。今度は一階のほうからだった。

階段を駆けおりて一階へ向かい、静かに耳を澄ましてみる。

するとまもなく、一階のどこからか、またもや音が聞こえてきた。

友人に尋ねると、「仏間のほうだと思う」とのことだったので、足音を忍ばせながら仏間のほうへと向かった。

友人と目配せをし合い、意を決して仏間に通じる襖《ふすま》を開けたとたん、ぎょっとなる。

ナツメ球に照らされた薄暗い仏間の中に、濛々《もうもう》とした煙が充満していた。

中に飛びこんで調べてみると、煙は仏壇の前に敷かれた座布団から立ち上っていた。

座布団のまんなか辺りに大きな穴が空き、中身の綿がぶすぶすと焼け焦げている。

友人が慌てて台所へ向かい、洗面器に張った水を座布団にぶちまけた。

幸いなことに火は出る前だったが、もしも気づかずにいたら、遅からず仏間どころか家そのものが丸焼けになるところだった。

その晩、火種を消してからは、件《くだん》の奇妙な手ばたきが聞こえてくることはなくなった。

後日、友人から、座布団を焦がした原因は線香だったと聞かされた。

相馬さんが友人宅へ泊まりにいった日の朝、友人の母親が仕事へ出かける前に仏壇へ線香を立てていた。その線香の火種が、何かの加減で香炉の外へこぼれ落ち、座布団の上に着地してしまったのだろうということだった。

ではあの日、静まり返った家の中に手ばたきの音を打ち鳴らしたのは誰だったのか？

尋ねると友人は、「うちの死んだ祖父《じい》ちゃんじゃないかと思う」と答えた。

仏間の鴨居には、先祖の遺影が並べて立て掛けられているのだが、手ばたきと火種の件があった翌日、両親に事情を説明するため、再び仏間へ行ったところ、五年ほど前に病気で亡くなった祖父の遺影のガラスに、蜘蛛《くも》の巣状のひびが入っていたのだという。

生きている頃は、火の始末にとてもうるさい人だったので、間違いないだろうという。両親も「絶対に祖父ちゃんだ」と、納得していたとのことだった。

再現不能【電話取材　二〇一五年七月八日　水曜日】

電話で話を聞かせてくれた相馬さんに、次の取材相手を探している旨を尋ねたところ、またもや色よい答えが返ってきた。

相馬さんが勤める会社の後輩で、久慈《くじ》さんという男性を紹介してくれるという。

それから数日後、やはり電話で久慈さんから聞かせてもらったのが、以下の話である。

数年前、久慈さんが今のマンションに引越してきて、まだまもない頃だという。

休日の昼間、久慈さんはリビングでテレビゲームを楽しんでいた。

楽しいゲームなのだけれど情報量が多く、小まめに進行状況を書き留めておかないと、混乱しそうな一面もあったので、テーブルに用意した紙にメモを取りながら遊んでいた。

夢中になって遊んでいると時間はあっというまに過ぎて、気づけば夕方になっていた。

気分転換にコーヒーでも飲もうと思い、キッチンへ立つ。

コーヒーを作って再びリビングへ戻ったとたん、思わずぎょっとなって目を疑った。

テーブルの上に転がしていた二本のボールペンが、ぴんと垂直に突っ立っていた。

それも、二本が縦に連なる形で突っ立っていたのである。

ボールペンは、尖《とが》ったペン先をくっつけ合って重なっていた。

物理的に信じ難い形だったし、そもそも自分がこんなことをした覚えもなかった。

嘘だろう、と思いながらテーブルへ近づき、屹立《きつりつ》して重なるボールペンのてっぺんにそっと指を触れてみる。

すると、ペンはたちまちぐらりと揺れ、乾いた音をたてながらテーブルの上に崩れた。

もう一度、自分の手で今の形を再現しようとしてみたのだが、どれだけ試してみても同じ形でペンを立てることなどできなかった。

久慈さんは、その後も同じマンションに暮らし続けているのだけれど、こんなことがあったのは、後にも先にもこの時一度きりだったそうである。


「こんな話でいいんですか？　お化けとかの話じゃなくてすみません……」

話を終えたあと、電話口でバツが悪そうに詫《わ》びる久慈さんに、裕木は「とんでもない。とても興味深い話でした」と答え、丁重に礼を述べた。

すると久慈さんは、ふいにはっとした声で「ああ、そういえば」とつぶやいた。

「こんな話でいいんでしたら、うちの母も昔、変な体験をしてるんですよ。よかったら話を聞かせてもらいましょうか？」

久慈さんのありがたい提案に、裕木は当然ながら一も二もなく飛びついた。

反転【電話取材　二〇一五年七月八日　水曜日】

久慈さんの電話取材をおこなった同日、やはり電話取材で久慈さんの母・裕子《ゆうこ》さんに聞かせてもらった話である。

裕子さんが高校時代のこと。夏休みに同じクラスの友人宅へ遊びに出かけた。

高校に入ってから知り合った友人なので、裕子さんは昔の彼女の写真が見たくなった。

「アルバム見せてよ」とねだり、自室にあったアルバムを見せてもらう。

中には中学時代に撮影された彼女の写真が収められていたのだが、それ以前の写真は一枚もなかった。

「もっと昔の写真も見たい！」とさらにねだると、友人は不承不承ながらも立ちあがり、家のどこからか分厚いアルバムを三冊ほど持ってきた。隣で恥ずかしがる友人を尻目《しりめ》に、うきうきしながらアルバムのページを捲《めく》り始める。

中身はよくある家族アルバムの趣きで、家族のスナップ写真や観光地での記念写真に交ざって、幼い頃の友人の写真もたくさん収められていた。ページをゆっくり捲りつつ、友人の写真を赤ん坊の頃から順を追って眺めていく。

そうして、二冊目のアルバムのページを半分ほど捲った頃のことだった。

小学時代の友人が写った写真に紛れて、ページの中に奇妙な写真が一枚、見つかった。髪の長い女性を正面からバストアップで撮影したモノクロ写真で、薄《う》っすらと黄ばんだ印画紙の色みから察して、かなり古い写真のように感じられた。

女性は白い着物姿をしていて、こちらに向かってゆったりと両目を閉じている。

まるで経帷子《きょうかたびら》のような着物の色と相俟《あいま》って、写真に写る女性はどことなく、単に目を閉じているというより、死んでいるような雰囲気に感じられた。

とはいえまさか、そんなはずはないだろう。しかしそれなら、この写真に写る人物は何者で、どんな意味があって撮影された写真なのだろう。

疑問と好奇心に駆られ、友人に尋ねようとした、その瞬間である。

写真の女性の両目がぱっと開いて、裕子さんの目をまっすぐに見つめた。

「きゃあっ！」と悲鳴をあげ、手にしていたアルバムを放りだす。アルバムはばたんと大きな音をたてて閉じ、表紙を上にして目の前に着地した。

「どうしたの？」と友人に訊《き》かれ、すかさず今起きたことを説明する。

友人は「冗談でしょう？」と頭《かぶり》を振り、さらにはそんな変な写真など知らないという。今も一緒にアルバムを見ていたけれど、件《くだん》の写真は見ていないとのことだった。

嘘だと思い、びくつきながらも再びアルバムを手に取り、そっと中を開いてみる。今度は裕子さんだけでなく、隣でアルバムを覗《のぞ》きこんだ友人も悲鳴をあげた。

開いたアルバムの両ページに貼られていた写真が全て、裏返しになっていた。

他のページも同様で、透明なＰＰフィルムと、台紙の間に挟まれていた無数の写真が、一枚残らず真っ白な裏面をこちらに向けて並んでいた。

放りだしたアルバムを再び手に取り開くまで、たかだか数分の出来事だった。そんな短時間に分厚いアルバムに挟まれた写真の全てを裏返して挟み直すことなどできないし、そもそもこの場にいるのは、裕子さんと友人のふたりきりである。

互いにあれこれ原因を考えてみたけれど、どれだけ首を捻《ひね》ろうと、納得のいく答えは出なかった。裕子さんが目にしたモノクロ写真の女についても正体は分からず、写真が裏返しになった件との関連性についても、結局分からずじまいだったそうである。

地雷【対面取材　二〇一五年七月十二日　日曜日】

電話取材を終えたのち、裕木はさらに裕子さんから、妹の敦子《あつこ》さんを紹介してもらい、新たな話を聞くことができた。

こちらも当初は電話取材を考えていたのだけれど、敦子さんの自宅は、裕木の暮らす実家から割合近い距離にあった。それを知った敦子さんのほうから「よろしければ」と自宅に招かれ、直接話を伺う運びとなった。

二年前の春にあった話だという。

休日の昼間、敦子さんは旦那《だんな》さんと、当時小学一年生だった娘の沙奈《さな》ちゃんを連れて、車で二時間ほどの距離にある都内の大きな公園へ遊びに出かけた。

公園内には緩やかな傾斜を描く丘があり、短く刈られた草の上にピクニックシートを敷いて寛《くつろ》いだり、食事を食べたりすることができる。

休日のうえに麗《うら》らかな陽気も手伝って、丘にはたくさんの家族連れや若いカップルがシートを敷いて、楽しい時間を過ごしていた。敦子さん一家も持参したシートを草地の上に広げ、手作りの弁当を食べながら春の小さな行楽を堪能《たんのう》した。

昼食を食べ終えてまもなくすると、沙奈ちゃんが「丘の上に行きたい」と言いだした。

丘の上には公園内を見渡せる展望台があり、こちらもたくさんの人で賑《にぎ》わっていた。

せっかく敷いたシートを片づけるにはまだ早いし、食後はすぐに動きたくもなかった。

娘の付き添いは旦那さんに任せ、敦子さんはシートに座って休んでいることにした。

黄色い声を弾ませながら丘の上へと向かって駆けだす沙奈ちゃんと旦那さんの背中を見送りつつ、頭上に視線を移して青々と澄みきった空を仰ぎ見る。

そこへふいに、どさりと乾いた物音が、遠くのほうから聞こえてきた。

不穏な予感を覚えて視線を前方へ戻すと、展望台へ向かう丘の途中で、沙奈ちゃんがうつ伏せになって倒れているのが見えた。

沙奈ちゃんは草地の上に倒れたまま、ぴくりとも動くそぶりを見せない。

シートの上から弾《はじ》かれたように立ちあがり、倒れた娘に向かって一直線に駆けだす。

旦那さんは沙奈ちゃんの傍らに膝《ひざ》を突き、肩を揺さぶりながら必死で声をかけていた。

近くにいた人たちも異変に気づいて、ふたりの周囲に群がっていく。

敦子さんがそばまで到着すると、沙奈ちゃんは旦那さんの膝の上で仰向《あおむ》けに寝かされ、全身を小刻みに震わせながら奇妙な呻《うめ》き声をあげていた。目は白目を剝《む》いている。

状態から見て、癲癇《てんかん》か何かの発作ではないかと思った。救急車を呼ぶべきだと判じる。

ところがポケットからスマホを抜きだし、電話をかけようとした時だった。

沙奈ちゃんが履いている靴の裏に、何か妙な物が貼りついているのが見えた。

長方形の紙きれだった。紙は小さな靴底をほとんど覆い隠すほどのサイズをしている。湿った土にまみれて茶色く汚れているものの、元の色は多分、真っ白だったのだと思う。紙の四隅とまんなか辺りには、平たく丸い形をした、画鋲《がびょう》の頭が光っているのが見える。

一目するなり得体の知れない胸騒ぎを感じ、気づけば勝手に手が紙きれに伸びていた。靴底から剥《は》がして裏側を見てみると、真っ黒な筆書きで梵字《ぼんじ》のような判読不能な文字が一定の規則性をもって、図形のごとくびっしりと書き綴《つづ》られていた。

その中で敦子さんが唯一判読できたのは、紙きれの上部にひとつだけ大きく書かれた「呪」という文字だけだった。

はっとなって、すかさず紙きれを放り捨てると、いつのまにか沙奈ちゃんの呻き声がぴたりと治まっていた。見れば白目も治って、ぼんやりとした視線を宙に向けている。旦那さんが「大丈夫？」と声をかけると、沙奈ちゃんは小さな声で「うん」と応《こた》えた。その後、沙奈ちゃんの体調はみるみるうちに回復し、再び異常が起こりそうな気配も見受けられなかった。けれども、このまま公園に長居をする気にもなれなかった。目的は不明ながら、あの御札とおぼしき紙きれは、画鋲の針が上に向かって立つよう、草地の上に設置され、誰かの靴底に貼りつくのを待っていたのではないだろうか。

そんなことをする異常な人物が、あるいは今もどこからか自分たちを見ているような気がして堪《たま》らず、まもなく逃げるようにして公園をあとにしたのだという。

出くわした【電話取材　二〇一五年七月十六日　木曜日】

敦子さんへの取材は、彼女の自宅の居間にておこなわれた。旦那さんと沙奈ちゃんも同席していて、敦子さんの語る話にふたりで逐一、細かな補足や感想を加えてくれた。

「呪いって本当にあるんですね。沙奈ちゃん、無事でよかったです」

話を聞き終え、裕木が率直な感想を語ると、旦那さんがふっと神妙な面持ちになって、

「ええ、本当にあるようですよ。信じ難い話ではありますけどね」と言った。

聞けば、旦那さんが勤める会社の同僚にも、呪いにまつわる怪異を体験してしまった人物がいるのだという。

これ幸いとばかりに裕木が取材を申し出ると、その場でさっそくアポを取ってくれた。数日後、電話取材をさせてもらうことになる。

敦子さんの旦那さんが勤める会社の同僚・菅生《すごう》さんは、福島県の田舎町出身だった。

今から二十年ほど前、菅生さんが地元の高校に通っていた頃の話である。

真夏のある日のこと、菅生さんは学校帰りに友人宅へ立ち寄った。たわいもない話に興じて時間を過ごしているうちに、いつしか時刻は深夜を大きく回っていた。

友人宅から自宅までは、自転車で四十分ほどの距離がある。眠気を帯び始めた両目をしばたたきながら、暗い夜道へ向かってペダルを漕《こ》ぎだす。

まばらに街灯が立ち並ぶ田んぼ沿いの県道をまっすぐ走り続ければ、そのまま自宅へ帰り着けるのだが、静まり返った夜道を走れば走るほど、眠気が強まって仕方なかった。しだいに身体もだるくなってきた菅生さんは、近道を通って帰ることに決めた。

県道から道路を一本逸《そ》れてほどなく進んでいくと、両脇を雑木林に挟まれた細い道が見えてくる。道には街灯の明かりもなく、人家の一軒も建っていない。

代わりにあるのは、寂れかかった無人の神社くらいのものである。

薄気味の悪い道筋なので、普段はほとんど通らないのだが、ここを突っ切っていけば自宅までの距離を五分近くも短縮することができた。あまり気乗りはしなかったものの、背に腹は代えられず、頭上に深い樹々が生い茂る真っ暗な道へと分け入っていく。

自転車のライトが灯《とも》す脆弱《ぜいじゃく》な明かりだけを頼りに注意深く先へ向かって進んでいくと、やがて前方の道端に、古びて色褪《いろあ》せた朱色の鳥居が見えてきた。

同時に鳥居の向こうから、誰かがぬっと出てきたのも見える。

真っ白な着物に身を包んだ、髪の長い女だった。

目にした瞬間、幽霊かと思って竦《すく》みあがったが、暗闇の先に目を凝らしてよく見ると、それが幽霊ではなく、生身の女であることが分かる。

だが、生身といっても普通の女でもなかった。

女の頭の両脇では、橙色《だいだいいろ》に輝く大きな炎がふたつ、角のように立って燃え盛っていた。

それは白い鉢巻で頭に巻きつけられた二本の蠟燭《ろうそく》が放つ炎だった。

加えて右手には、釘《くぎ》打ち用の金槌《かなづち》が握られている。履物は下駄《げた》。真っ白な着物も含め、その支度はどう見ても、丑《うし》の刻参りをおこなう人間の姿にしか見えなかった。

呆然《ぼうぜん》としながら女を見ていたため、菅生さんはペダルの動きを止めるのを忘れていた。はっと気づいた時にはもう遅く、自転車は女の間近まで迫りつつあった。

とたんに女が、ばっとこちらを振り向いた。

ライトの明かりに照らしだされた女は一瞬、ぎくりとなって、うろたえたかのような表情を浮かべたが、たちまちがらりと表情が変わった。

今度は両目を大きくぎょろりと見開き、獣のごとく歯を剝きだしにした険しい笑みを拵《こしら》えるなり、こちらへ向かってずかずかと歩み寄ってくる。

悲鳴をあげながらもすかさずハンドルを切り、すんでのところで女の横を走り過ぎる。

だが、それでも女は諦《あきら》めず、背後でがちゃがちゃと乾いた下駄の音を鳴り響かせながら、猛烈な勢いで追ってくる。

「やめろ！　来るな！　やめてくれ！」

堪らず大声をあげても、下駄の足音は少しも緩んでくれなかった。背後を振り返ると、女はなおもおぞましい笑みを満面に浮かべ、両腕をちぎれそうな勢いで振り乱しながら、菅生さんのあとを猛然と追ってくる。

　どうにか女の追跡を振り切ったのは、雑木林に挟まれた道をほとんど抜ける頃だった。無我夢中でペダルを漕ぎ続け、気づくといつのまにか女の姿は消えていた。

　翌日、菅生さんは両親と相談したうえ、警察にこの件を通報してもらった。警察は、すぐに女が出てきた神社を調べにいってくれたのだが、その報告を聞かされ、再び厭《いや》な気分になった。

　境内に立つ御神木の幹に、釘で打たれたような穴が、いくつも空いていたのだという。藁人形《わらにんぎょう》こそ発見されなかったそうだが、菅生さんの証言と照らし合わせて推測する限り、女が丑の刻参りをしていた可能性は高いだろうとのことだった。警察は器物破損という扱いで、神社の管理者に連絡すると言っていたが、それから先、犯人が捕まったという話を聞くことはなかった。

　その代わり、菅生さんが高校を卒業し、都内で会社勤めを始めて十年近くが過ぎた頃、実家の母からこんな連絡があった。

　件《くだん》の神社の御神木が病気で枯れてしまったので、業者が木を切り倒したのだという。ところが刃《やいば》を入れられた太い幹の中からは、赤黒く錆《さ》びついた太い釘が何十本も次々と出てきて、地元はちょっとした騒ぎになっているとのことだった。

　自分が目撃した女だけではなく、他にもあの神社で丑の刻参りをしていた者が何人もいたのではないかと考えると、しばらく地元に帰るのが怖くなってしまったそうである。

煙【電話取材 二〇一五年七月十六日 木曜日】

「で、この話とは一切関係ないんですけどね。実はもうひとつ、変な体験をしたことがあるんですよ。よかったら、聞いてもらえますか？」

丑の刻参りにまつわる話を終えたあと、菅生さんがさらに聞かせてくれた話である。

二年前の冬場、菅生さんは恋人のつかささんと、自宅から三駅ほど離れた距離にあるホルモン焼きの店へ出かけた。少し前にたまたまネットで「おいしい」と評判の記事を見かけ、お試しのつもりでの入店だった。

個人経営の古ぼけた雰囲気が漂う店で、店内は二十畳ほどのスペースに、四人掛けの小ぶりなテーブル席が四つとカウンター席が三つほど。平日の夜だったこともあってか、満席とまではいかなかったものの、それでも席の半分以上は埋まって、狭苦しい店内で互いに肩をくっつけ合うような恰好《かっこう》で食事を楽しんでいる。

店員に案内され、菅生さんとつかささんは、入口から二番目のテーブル席についた。

ホルモンを焼くのは、焼肉店で使用される一般的な無煙ロースターではなく、炭火。金網がのった金属製の七輪の上でじゅうじゅうと焼く。だから煙の量が凄《すさ》まじかった。

入店した時から店内は、他の客たちが焼くホルモンの煙が立ちこめていたのだけれど、いざ、自分たちが注文した分を焼き始めると、視界はますます白々と霞《かす》んだ。

テーブルの上には一応、換気ダクトが備えられているのだが、効果は微々たるもので、金網にのせたホルモンの脂が炭火へ滴り落ちるたび、濛々《もうもう》と大きな白煙が立ち昇る。

　それでもめげずに焼きあがった分を頬張りつつ、「味がいいのが救いだねえ」などとふたりで話をしていた時だった。菅生さんは視界の端にふと、妙なものを見留めた。

　店の奥側に面したトイレのドア。狭い店じゅうに煙が立ちこめ、濃霧のごとく白々と霞んでいるというのに、ドアの手前辺りのひょろ長い空間だけが、煙の影響を受けずに鮮明な像を結んでいる。まるで透明な風船が、その場に置かれているかのようだった。だが、よくよく見てみると、どうやらそれは、人の形をなぞった輪郭のように見えた。姿の見えない何者かがトイレのドアの近くに直立して、食事を楽しむ客たちの様子を静かにじっと眺めている。そんなふうに感じられた。

　目の錯覚かと訝《いぶか》しみ、つかささんに「なあ」と声をかけ、顎《あご》で輪郭が立つほうを示す。すると、つかささんは「あっ」と声をあげ、視線がそちらへ釘付《くぎづ》けになってしまった。

　とたんにそれまで微動だにしなかった輪郭の首から上が、こちらを振り向いた。

　続いてぶわりと全体が揺らめいたかと思うと、それは周囲の白煙に溶けるようにして、姿を消してしまったのだという。

死にたて【対面取材　二〇一五年八月十四日　金曜日】

電話で菅生さんへの取材を終えた裕木は例のごとく、他に不思議な体験をしたことのある人がいたら教えてほしい旨を伝えた。

菅生さんは快く応じてくれたのだが、すぐには取材主が思いつかないとのことだった。そこでしばらく、次なる取材の縁が途絶えることになる。

菅生さんから連絡が入り、取材が再開されたのは、八月に入って二週間ほどが経った月遅れ盆の時期のことだった。

取材相手は、つかささんが勤める会社の後輩で、寿々《すず》さんという二十代後半の女性。退勤後に対面取材を希望とのことだったので、彼女の会社の近くにあるコーヒー店で話を聞かせてもらうことにした。

寿々さんは、五年ほど前から都内のマンションで独り暮らしをしている。

中央線沿いに立つ七階建てのマンションで、間取りは１ＬＤＫ。

暮らしは基本的に快適で、特に問題らしい問題も起こったことはなかったのだけれど、去年の夏場にとてつもなく厭な目に遭ったのだという。

週末の晩、寿々さんは大学時代の友人たちと久々の女子会を開いた。

夕方六時に新宿で待ち合わせ、飲み屋を三軒ハシゴして、解散したのは深夜零時近く。電車を使って帰宅すると、すでに一時を迎える時間になっていた。

自室のドアの鍵《かぎ》を開け、千鳥足で靴を脱ぐ。そんなに酔ってはいないつもりだったが、いざ話し相手がいなくなって無口になると、思っていた以上に思考が鈍化して、視界も焦点が合わせづらく、微妙にぼやけて見えていることに気がつく。

化粧を落とせば少しはすっきりするだろうと思い、洗面所へ向かう。

蛇口を捻《ひね》り、冷水で顔を洗っていると、わずかながらも気分がすっきりしてくるのが実感できた。細い息を漏らしつつ、タオルで顔の水気を拭《ふ》きとる。

そこへふと、背後で得体の知れない気配を感じたような気がした。

反射的に振り返った先には、無人のキッチンがあるだけで、特に異常は見られない。だが、背筋にはぞわぞわとした悪寒が生じ、鼓動は勝手に高鳴り始めていた。両腕に視線を向けると、鳥肌がびっしりと立っていた。酔いが一気に醒《さ》めていく。

つかのま、気のせいだろうと割りきって、気持ちを落ち着かせようと試みた。

だが、その一方でこんなことも考える。

本当にこれは、気のせいなのだろうか。

長らくこの部屋で暮らしてきて、身体にこんな異変が生じたことなど、今まで一度もなかったことだった。神経を研ぎ澄まし、静まり返った室内へ意識を強く集中させる。

　すると、前方に見える引き戸の向こうから、異様な気配をありありと感じた。引き戸の向こうはリビングである。もちろん、本来ならば誰もいるはずなどない。だが、今はそうは思えなかった。引き戸の向こうには確実に誰かがいる。全身の血が凍りつくような異様な感覚をもって、そんな確信を強く抱いた。

一瞬、どうしようかと逡巡《しゅんじゅん》したのだけれど、次の瞬間には勝手に脚が前へと踏みだし、手は引き戸の取っ手に伸びていた。勢い任せに戸を開いた瞬間、目の前に現れた光景に、寿々さんはありったけの悲鳴を絞りあげた。

薄闇に染まったリビングの天井から、電気コードで首を括《くく》った女がぶらさがっていた。

歳は寿々さんと同じくらい。短めに切った髪の毛を明るい栗色に染めている。

服装は、濃紺色で薄手のキャミソール一枚を身に着けているだけ。

　女は、眼窩《がんか》から両目がこぼれ落ちんほどに瞼《まぶた》を大きく見開き、への字のごとく歪《ゆが》んだ唇をぼくりと広げた凄まじい形相で、寿々さんを見下ろしていた。

予想だにしなかった〝気配の正体〟に心が限界を迎えてしまった寿々さんは、悲鳴を絞り尽くすなり意識がふつりと断ち切れ、その場にばたりと倒れてしまう。

　再び意識が戻ったのは、翌朝九時近くのことだった。

　恐々と起きあがり、リビングの中へと視線を向けてみたのだが、天井からぶらさがる女の姿は、影も形もなくなっていた。

つかのま、夢ではないかと思ったものの、昨夜目にした女の印象はあまりに生々しく、記憶をたどると細部に至るまで、姿を思いだすことができた。

一体、どうしてあんなものを視《み》てしまったのだろう。

道理も原因も分からないまま一週間近くが過ぎた頃、ようやく答えがもたらされた。

早朝、ゴミを出すため表へ出た時、同じマンションに住む顔見知りの女性と出くわし、彼女にこんな話を聞かされた。

一週間ほど前にこのマンションで、首吊《くびつ》り自殺があったのだという。

亡くなったのは水商売をしていた若い女性で、部屋はなんと寿々さんが暮らす部屋の真上。しかも死亡推定日時は、寿々さんが自室で件《くだん》の首吊り女を目撃したタイミングと、ほとんど同じ頃だった。

ならば自分はあの晩、自室の真上でまさに今、首を吊って死んだばかりの女の幽霊をこの目にしたということになる。

事情を知って腑《ふ》に落ちた思いはあったのだけれど、安心することはできなかった。

またもや自室で何かが起きたらどうしようと不安に駆られた寿々さんは、霊感の強い従姉妹《いとこ》に相談しようと思い立ち、その日のうちに彼女へ連絡を取ったのだという。

シカトかよ【対面取材 二〇一五年八月二十二日 土曜日】

寿々さんが相談を依頼した従姉妹は、名前を桃香《ももか》さんといった。

歳は寿々さんと同年代。

彼女は小さな頃から、それほど頻繁ではないにせよ、他人の目には視えないものが視えたり、音や声、気配を感知したりしてしまうことがあった。

寿々さんが連絡を入れた日の夜、桃香さんはさっそく部屋に来てくれた。

彼女流の鑑定をしてもらった結果、例の首を吊った女の一件は、一度きりの出来事で、特段、今後に尾を引くことはないだろうとのことだった。

実際にそれから先、寿々さんの部屋では何も変わったことは起きていないという。

寿々さんの話を全て聞き終えた裕木は続いて、桃香さんに興味を抱いた。

何やら不思議な体験をたくさんしているということだし、できれば直接話を聞かせてもらいたいと思ったのである。

裕木の要望に、寿々さんはすぐさま応じてくれた。その場で桃香さんに連絡を取り、日を改めて同じ喫茶店で、彼女本人から話を聞かせてもらう運びとなる。

かくして翌週の土曜日、裕木は寿々さんも同席の下、桃香さんへの取材をおこなった。

何ぶん、取材対象が特殊な感覚を有する人物であるがゆえ、この日に蒐集《しゅうしゅう》できた話は全部で十五話近くもあった。

裕木の記録も相変わらず、微に入り細を穿《うが》つといった感じで、そのひたむきな姿勢は大いに評価すべきなのだが、限られた頁数の関係上、すべてを紹介することはできない。

そのため本書では、中でも特に印象深い三話のみを紹介するにとどめておく。

ひとつ目の話は、桃香さんが大学時代に体験した話である。

真夏のある時、桃香さんは仲のよい友人らに誘われ、肝試しへ出かけることになった。

場所は、都内に位置する大きな墓地。

名称は伏せるが、巷《ちまた》では心霊スポットとしても有名な墓地で、そうした関係の書籍や怪談話の席などでは、たびたび名前があがる場所だった。

深夜過ぎに桃香さんを含む五名の男女が懐中電灯を携え、墓地の探索を始めた。

面白半分に深夜の墓地で肝試しをするなど、まったく気は進まなかったのだけれど、友人たちだけ行かせるのも心配だったので、渋々ながらの参加だった。

以前から、桃香さんに霊感があることを承知している友人たちは、墓地へと入るなり、「ねえねえ、なんか感じる？」「なんか視える？」と訊《き》いてくる。

そうした軽いノリの質問に「まいったなあ」と、苦笑いを浮かべている時だった。

どこからか妙な気配を感じたので視線を向けると、桃香さんたちから十メートルほど離れた暗闇の中に、女が立っているのが見えた。

歳は二十代の中頃。白地に濃紺色の水玉模様がプリントされたワンピースを着ていて、髪は肩口に軽くかかる程度の長さ。唇には真っ赤な紅が差してある。

そんな女が、遠く離れた墓石の脇に突っ立ち、こちらをじっと見つめている。

どす黒く染まった闇の中にもかかわらず、女の仔細《しさい》は懐中電灯の明かりを向けずとも、眉《まゆ》の輪郭や髪の質感に至るまで、間近で見るようにはっきりと知ることができた。

それは相手が生身の人間であれば、決してありえないことだった。

「まずい」と感じて、すかさず目を逸《そ》らし、努めて無視を決めこむことにする。

その後も友人たちから、たびたび「何か感じる？」「視えた？」と尋ね続けられたが、桃香さんは「別に何も」と答え続けた。

だが、実際は違った。その後も女は遠くのほうから、桃香さんたちを追ってきていた。

じかに視線を向けなくても、視界の端に水玉模様の白い人影がちらつくのが視えたし、たとえ姿が視えなくても、気配を常に感じ取ることができた。

首筋を針の先で執拗《しつよう》に撫《な》で回されるような、ぴりぴりとした異様な圧迫感から察して、女がこちらのことを快く思っていないのは明白だった。

御守りや自己流のおまじないなどで最低限、自分の身を守ることはできるのだけれど、所詮《しょせん》は素人だし、相手が明確な敵意を持っていれば、対処できる自信などなかった。

一刻も早く墓地から立ち去ろうと思い、さりげなく歩調を速めて友人たちを牽引《けんいん》する。

その間にも女は視界の隅から消えることなくちらつき、生きた心地がしなかった。

そうしてびくびくしつつもどうにか歩き続け、ようやく墓地の入口まで戻ってくる。

友人たちには平静を装いながらも、そっと安堵《あんど》の息を漏らしかけたその瞬間。

「シカトかよ」

突然、すぐ耳元で女の声が鋭い口調で囁《ささや》いた。

はっとなって振り向くと目と鼻の先に、両目を剝《む》きだしにした女の険しい顔があった。

桃香さんが悲鳴をあげて駆けだすなり、彼女の豹変《ひょうへん》に驚いた友人たちも大声をあげて一斉に駆けだした。そうして、墓地の外に停めていた車のほうまで一目散に逃げ帰る。

帰りの車中、墓地の中で起きていたことを一から順を追って包み隠さず打ち明けると、友人たちはいずれも顔を真っ青にして、がたがたと唇を震わせた。

桃香さんを含む誰もがこの日、人生初の肝試しだったのだという。

予想外の事態にすっかり肝を潰《つぶ》してしまった一同は、今のところ、この日の肝試しが最初で最後の肝試しになっているそうである。

巨影【対面取材　二〇一五年八月二十二日　土曜日】

数年前の夏場に体験した話だという。

仕事帰り、桃香さんはショッピングをするため、渋谷《しぶや》に立ち寄った。

時刻は午後の六時過ぎ。ハチ公口から駅を出ると、街は一面、琥珀色《こはくいろ》の夕闇に染まり、そろそろ夜の帳《とばり》がおりそうな雰囲気になっていた。

センター街へ向かうため、帰宅ラッシュでごった返すスクランブル交差点へ向かって歩き始めた時だった。

突然、視界の上方に異様なものが映りこみ、思わず脚が止まってしまう。

それは、人の形をした影だった。それも、とてつもなく巨大な人影である。

目算で大まかに測っても、軽く二十メートルはありそうだった。

そんな信じられないほど巨大な影が、道玄坂《どうげんざか》のほうからこちらへ向かって音もたてず、ゆっくりとした足取りで歩いてくる。

影は全身、薄い墨色に染まり、向こう側の風景がわずかに透けて見えている。

体形は全体的にほっそりとしていて、漠然とキュウリの形を連想させる細長い胴体に、それよりさらに細い手足がついている。頭は小さな楕円《だえん》形をしていた。

そんなものが、道玄坂に立ち並ぶビルの間をふらふらと左右に身体を揺さぶりながら、こちらへ向かって来ようとしている。

嘘でしょう……と思いながらも、網膜に映った巨大な影は一向に消える気配がない。

周囲に視線を向けると、誰も影には気づいていないことが分かった。

ならばこれは、自分がたまに視《み》てしまう幽霊やお化けの類《たぐい》なのかと思うのだけれど、大きさもシチュエーションもあまりに出鱈目《でたらめ》過ぎて、まるで理解が追いつかなかった。

愕然《がくぜん》となってその場に立ち尽くす間にも、影はぐんぐんこちらへ迫って来る。

やがて影が目の前のスクランブル交差点まで達した時、ようやくはっとなって背後へ大きく退いた。

けれども影のほうは、桃香さんになど一瞥《いちべつ》もくれず、音もなく目の前を通り過ぎると、そのまま薄墨色の巨体を左右にふらふらと傾げながら、明治《めいじ》通りのほうへ進んでいった。

慄《おのの》きながら振り返り、その背を見送っていると、影はやがてしだいに暮れゆく夕闇の暗さに溶けるようにして、姿を消してしまったそうである。

首ころりん　【対面取材　二〇一五年八月二十二日　土曜日】

昨年の秋口、桃香さんはある日を境に、体調を崩した時期がある。

首の裏と両肩の付け根辺りが、四六時中重たく、時にはじわじわと鈍い痛みも生じる。

初めのうちは肩凝りだろうと割り切ろうとしていたのだが、数日経っても症状は一向に治まらず、むしろ悪化していくようだった。

それに加えて異変から五日目を迎える頃からは、耳元で得体の知れない女の囁き声も聞こえてくるようにもなった。

できればそうであってほしくはなかったのだけれど、この段に至って、自分は何かにとり憑《つ》かれてしまったのだと認めざるを得なくなった。

過去にも何度か同じような経験があり、いずれのケースでも首と肩に違和感が生じた。

どこで目をつけられたのかは不明だったが、憑かれる時は不思議といつもそうなので、詮索《せんさく》しても無駄だと思った。

こうした状況は、何もせずとも短くて二、三日、長くても一週間ほどで自然と治まる。

自分にとり憑いていたものが、おそらく次の標的を見つけて離れていくのだと思う。

今回も早く自分の身体に見切りをつけて、離れていってくれればいいと思った。

ところが桃香さんの案に相違して、首と肩の違和感は十日が過ぎても治まらなかった。

こうした場合、お経を唱えてみるとか、簡単なお祓《はら》いを試すとよいという話もあるが、過去に実践してみたところ、逆にとり憑いている相手を余計に刺激してしまったらしく、ますます症状がひどくなったことがある。以来、怖くて余計なことはしなくなった。

首と肩の重たさ以外にも、身の回りで感じる得体の知れない気配や、耳元で女の声が聞こえてくる頻度も日に日に増してきているようだった。

経過と現状を鑑《かんが》みて、このまま放っておいても悪化するだけだと判断した桃香さんは、熟考の末、プロに救けを求めることに決める。

とはいえ、当てずっぽうに相談先を選んで、さらなる被害に見舞われるのも嫌だった。以前、ネットの評判を鵜《う》呑みにして相談を依頼した霊能関係者が軒並み怪しい人物で、的外れなアドバイスをされたり、法外な相談料金を請求されたりしたことがある。

再びそうした被害に遭わないためにも、相談先は慎重に探さなければならなかった。幸いにも、仕事関係で交流の深い女性がそうした方面にくわしく、事情を説明すると、彼女が懇意にしている霊能師を紹介してくれた。

三十代半ばの女性で、込み入った相談内容でも的確な助言と対応をしてくれるという。料金も常識の範囲内だったので、その場で彼女に予約を取ってもらった。

翌日の午後、相変わらず重苦しい首と肩の感覚に難渋しつつも、電車に乗って相談に向かった。霊能師の仕事場は、駅前の目抜き通りから十分ほど歩いた、街の裏道にある小さな雑居ビルの中にあった。

玄関ドアの脇に備えつけられたチャイムを鳴らしてまもなく、中から姿を現したのは、鋭い目つきをした髪の長い女性だった。

知人の説明では三十代半ばとのことだったが、それより十歳は若く見える。

服装は長袖《ながそで》で裾《すそ》の長い、紫色のワンピース。身体の線は細く、ゆったりとした拵《こしら》えの服の上からでも、飴《あめ》細工のようにか細い両腕と腰のラインが見て取れた。

もしかしたら、助手か受付のスタッフではないかと思い、それとなく確認したところ、即座にむっとした顔で否定された。

初対面から微妙に気まずい空気を感じながらも、「どうぞ」と促され、中へと入る。

仕事場は、十五畳ほどの空間のまんなかにテーブルセットが一組置かれているだけの簡素で殺風景な造りだった。灰色の壁面には、カレンダーの一枚すらかけられておらず、のっぺりとした印象を抱かせる。

窓にかけられたブラインドはおろされ、おまけに照明も若干薄暗かった。

仕事場の一角には、水晶玉や檜《ひのき》の高坏《たかつき》などが並べられた祭壇も設《しつら》えられているのだが、霊能師の鋭い眼光やそこはかとなく高圧的な雰囲気も合わさり、霊能関係者の仕事場に来たというよりは、警察の取り調べ室に入ったような心持ちにさせられた。

席について早々、畏《かしこ》まった挨拶《あいさつ》もそこそこに、霊能師が今回の相談内容を尋ねてきた。

現在に至るまでの経緯を一から順を追って説明する。

それに付加して、自分も幼いみぎりから、多少ながらも特異な感覚を有していること、そのうえで、今回自分にとり憑いているのは、女の霊だろうという推察も打ち明けた。

桃香さんが説明を続ける間、霊能師は途中で一切口を挟むことなく、テーブルの上に組んだ自分の手にそっと視線を落としながら、黙って話を聞いていた。

そうしてすべての説明が終わると、彼女はようやく視線をこちらへまっすぐ向け直し、やおらぼそりとした声で、「あなたに憑いているのは、女ではなく男ですよ」と呟《つぶや》いた。

予期せぬ答えに思わず身を乗りだしたものの、即座に納得することはできなかった。

今日まで桃香さんが聞き続けていたのは、紛れもなく女の声だった。

何を話しかけてきているのか、中身はまったく理解できなかったが、声質から察して、おそらく若い女だと思っていた。

声は一日に平均三、四回。日中、会社で仕事をしている時や、夜に自宅でシャワーを浴びている最中、あるいはベッドに入ってうとうとしかけた瞬間、なんの前触れもなく、ふいに耳元でもそもそと囁《ささや》いてくる。それは紛れもなく、いずれも女の声だった。

一方、男の声など、これまで一度も聞いたことがない。

だからやはり納得がいかず、「でも、声は女のものなんですが」と再び念を押した。

けれども霊能師のほうは頭《かぶり》を振りつつ、「間違いないです」と返してくる。

「病気における素人の自己診断もそうですが、こちらの分野においても、素人判断では測りかねる特異な事象が、往々にして観測されるものです。生半《なまなか》な霊感を信用し過ぎて、相手の思惑に嵌《はま》らないことですね。あなたにとり憑いているのは、男ですよ」

鋭い瞳《ひとみ》でこちらをひたと見据え、淀《よど》みのない声で彼女は言葉を続けた。

正論だとは理解できたが、その言い方が鼻につき、桃香さんは少し胸が悪くなった。

別段、自分が本職さながらの強い霊感を持っているなどとは思っていないし、彼女に殊更、自分が有する感覚を誇示したわけでもない。単に自分の所感を伝えただけなのに、あたかもそれを見下すかのように、「生半な霊感」という言い草はないだろうと思った。

もしかしたら、最初に助手かスタッフと勘違いしたのを根に持っているのだろうか？

仮にそうなら、器の小さい人である。

以前、ひどい目に遭わされたインチキ霊能者たちと、大差がないような気がしてくる。

思いながら彼女の顔を見つめていると、みるみる気持ちが冷めてきた。

ゆえに彼女と見つめ合う目つきも、自然と冷ややかで不遜《ふそん》なものになっていく。

向こうの気の済むように対応してもらって、あとはすみやかに切りあげよう。

思いながら、彼女の顔を見つめ続けていた時だった。

ふいに目の前の光景がぐらりと斜めに傾いたかと思うと、次の瞬間、桃香さんの首が胴から離れて転がり落ちた。思いもよらない事態に肝を潰して息を呑みこむさなかにも、視野全体がごろごろと滅茶苦茶《めちゃくちゃ》に回転しながら、足元に向かって一直線に落下していく。

すかさず両手で自分の頭を両脇から摑《つか》みこみ、すんでのところで床への衝突は免れた。

だが、視線を上へ向けると、そこには首のなくなった胴体が、先刻までと同じ姿勢でテーブルセットの椅子に腰掛け、自分の首を膝《ひざ》の上にのせているのが見えた。

悲鳴をあげるなり、視界がぱっと切り替わって、元の光景へと立ち戻る。目の前では霊能師がテーブルを挟み、涼しげな目つきでこちらをじっと見つめていた。

一体、何が起きたのか。混乱しつつもこちらが尋ねようとする前に、霊能師のほうが一瞬早く口を開いた。

「それです」

気だるそうな声音で呟きながら、テーブル越しに桃香さんの膝元を指差してみせる。

そこでようやく、自分の両膝に違和感があることに気がついた。まるでボウリングの球でものっかっているかのように重くて固い感触がある。

視線をおろすと、頭垢《ふけ》だらけの頭髪をもじゃもじゃに生え散らかした中年男の生首が、こちらを見あげて笑っていた。

再び悲鳴があがり、すかさず首を放りだそうとしたのだが、身体が石のように固まり、ぴくりとも動かすことができない。

「去《い》ね」

テーブルの向こうから怒気の籠《こも》った低い声と、空を切り裂く鋭い音が聞こえたとたん、男の首が「ぼん」と破裂するように膝の上から消え失《う》せた。

「道理も動機も判りませんけれど、女になりすましていたみたいです。変態ですかね？わたしの見立て、納得していただけたでしょうか？」

右手に持った長い数珠《じゅず》をじゃらりと鳴らしながら、面白くもなさそうに彼女が言った。最前から目まぐるしく起こった一連の出来事にすっかり萎縮《いしゅく》してしまった桃香さんは、「はい」と答えるのが精一杯だった。

長らく悩まされていた首と肩の重たさも、いつのまにか綺麗《きれい》さっぱり消え失せており、重ねて圧倒させられてしまう。

その後は二度と、彼女の許《もと》へは行っていない。

腕がよいのは己《おの》が身をもって実感したのだけれど、よすぎる余り、怖いと思ったのだ。実年齢よりも十歳は若く見える浮世離れした容姿と、無言で人を威圧しながら心の内を見透かすような、あの剃刀《かみそり》を思わせる鋭い目つきも苦手だった。

少なくとも、自分のような十人並みで冴《さ》えない人間が、気軽に相談を持ちかけてよい人物ではないと思った。どんな仕組みなのかは分からないけれど、またぞろ自分の首が転げ落ちる幻を見せられるのも怖かった。

以来、桃香さんはこうした事態になるべく陥らないようにするため、神社仏閣などで買い求めた魔除《まよ》けの御守りを何種類も持ち歩くようにしているそうである。

裏へと消える【対面取材　二〇一五年八月二十六日　水曜日】

裕木の怪談蒐集《しゅうしゅう》はその後も途切れることなく、さらに続いた。

取材を終えた桃香さんから「そういえば面白い体験をしている人がいるんですよ」と、教えてもらったのは、辰木《たつき》さんという四十代前半の男性だった。

彼は五反田《ごたんだ》で小さなバーを営んでいて、桃香さんはこの店の常連だった。店に行って自分の名前をだせば、いつでも話を聞かせてくれるという。

念のため、桃香さんから事前に店へ連絡を入れてもらい、辰木さんから了承の言葉をもらったうえで裕木は後日、新たな取材先へと向かった。

「霊感なんて、全然ないはずなんですけどねえ。それでも小さい頃にたったの一回だけ、妙な体験をしたことがあって、それが物凄《ものすご》く妙な体験だったんですよ。信じてくれるかどうか自信ありませんけど、よければ聞いてもらえますか」

夜の帳《とばり》がすっかり下りた午後の八時過ぎ。小ぶりな店のカウンターを挟んで対面した、辰木さんが、笑みを交えながらも神妙な面持ちで自身の体験を話してくれた。

小学三年生の時に体験した話だという。

セーターを着ていたから、季節は秋から冬にかけてのことだと記憶している。

ある日の放課後、辰木さんは、同級生の晴太《せいた》君の家に寄り道をした。

最近、晴太君の家で大きいテレビを買ったと聞いたので、見せてもらうためだった。

茶の間の入隅に斜めを向いて置かれた新しいテレビは、横幅が九十センチほどもある本当に大きなテレビで、普段はどうということもなく眺めている再放送の時代劇なども、映画館の大スクリーンで観ているような気分にさせられた。

時刻はそろそろ、四時になろうとする頃。ちょうど、毎週楽しみにしているアニメが始まる時間だったので、テレビの前に晴太君と並んでわくわくしながら観始める。

そうしてアニメが始まり、十分近くした頃だった。

夢中になってテレビに食い入っていると、玄関口のほうから足音が聞こえてきた。

晴太君の家族が帰ってきたのかと思ったのだが、尋ねてみると、まだ誰も帰ってくる時間ではないという。

足音はべたべたという、床板に張りつくような響きをたてながら、廊下を進んでくる。

誰だろうと思っているうちに、茶の間の障子戸が背後でがらりと開いた。

振り返ると、戸口に水色の病院着を着た老婆が立っていた。

手足は枯れ枝のようにがりがりに痩《や》せこけていて、白髪頭は寝グセだらけでぼさぼさ、しわだらけになった顔の肌は妙に黄ばんで、みかんの皮のようだった。

老婆は、振り返った辰木さんたちと目が合うなり、こちらへ向かってふらふらとした足取りで近づいてきた。

あまりにも平然と、なおかつ一直線にこちらへ向かってくるので、思わず立ちあがり、茶の間の隅のほうまで後退する。

まもなく老婆はテレビの前までたどり着き、今度はテレビの側面から裏側へ向かって、するすると身を低くしながら入りこんでいった。

不思議と怖い感じはまったくしなかった。ただ、目の前で今、何が起こっているのか状況を理解することができず、頭が混乱していただけである。

老婆の姿が消えたあと、晴太君とふたりでテレビの裏側を覗《のぞ》いてみたが、とても人が潜りこめるようなスペースはなかったし、当然ながら老婆の姿もなかった。

そもそもテレビと壁との間さえ、僅《わず》か数センチほどの隙間しかないため、いくら身を低くしたところで人が入っていけるはずなどないのである。

晴太君に「今の誰？」と訊《き》いても、「知らない」とのことだった。狐に抓《つま》まれたような心地で、ふたりは再びアニメの続きを観始めた。

その後も晴太君の家には遊びに通ったが、同じ老婆が現れることは二度となかったし、当時の記憶を振り返っても、未《いま》だに怖いと思う気持ちも湧いてこないのだという。だから「怖い体験」というよりは「妙な体験」なのだと、辰木さんは語ってくれた。

死神【対面取材　二〇一五年八月二十六日　水曜日】

先にも触れたとおり、辰木さん自身が体験した怪異はこれだけだという。

けれどもどうしたわけか、自分の店には桃香さんを始め、特異な感覚を持っていたり、妙な体験をしたことがあったりする客が、昔から割合多く訪れるのだと語る。

辰木さんの話を聞いていた時も、店にはそうした馴染《なじ》みの客がふたり来ていた。

ひとりは槇原《まきはら》さんという、三十代半ばの会社員をしている男性だった。

今から八年ほど前、槇原さんが独りでアパート住まいをしていた頃の話だという。

ある週末の晩、槇原さんは中学時代から交流が続く友人を自宅に招いて、ささやかな飲み会を催す予定だった。

友人は、槇原さんが暮らすアパートからかなり離れた街に住んでいて、電車を使ってこちらに到着するのは夜の七時過ぎになるだろうとのことだった。

その到着を待っていると、友人は約束どおりの時間に槇原さんの部屋にやって来た。

ところが玄関ドアを開くと、友人の顔つきがおかしい。何かを思いつめたかのような悲愴《ひそう》な色を満面に滲《にじ》ませ、今にも泣きだしそうな雰囲気である。

「どうしたんだ？」と声をかけたのだが、友人は槇原さんの問いには答えず、代わりに無言のまま、中へと足早に入ってきた。

続いて槇原さんの横を脇目も振らずにすり抜けると、台所のまな板の上にのっていた包丁を引っ摑《つか》み、自分の首筋に押し当てようとした。

　ぎょっとなってすかさず駆け寄り、包丁を取りあげようとしたのだが、友人のほうは必死の形相を浮かべて身を捩《よじ》り、意地でも包丁を離そうとしない。

「お前、一体何があったんだよ！」

「俺、死ぬことにした！」

力尽《ちからず》くで友人を押さえつけながら怒鳴りつけると、友人は涙をぼろぼろこぼしながら、とんでもないことを口走った。意味も経緯もまったくわけが分からない。

嗚咽《おえつ》をあげ、なおも自傷に及ぼうとする友人を必死の思いで羽交い締めにし、今度は根気強く宥《なだ》めすかして事情を問い質《ただ》す。

　すると友人は、「だって、死ねって言われたんだよ！」と叫んだ。

「誰に？　ていうか、誰にそんなことを言われようが、人の家で死ぬことないだろう？お前、どれだけ自分がおかしいことをしてるか分かってんのか！」

　渾身《こんしん》の大声で怒鳴りつけるや、まもなく友人の身体からすっと力が抜け、握っていた包丁が床の上へと転がった。続いて友人もその場に崩れるようにへたりこむ。

「女。知らない女にそう言われたんだよ。だから死ななきゃなんないって思って……」

血の気がすっかり失《う》せて真っ青になった顔面を涙でぐしゃぐしゃにしながら、やおら友人がぽつりぽつりと語りだした話は、異様窮まりないものだった。

つい先ほどのことだという。

最寄り駅に到着し、槇原さんのアパートへ向かって住宅街の暗い夜道を歩いていると、目の前の道端に立つ街灯の下に、女が立っているのが見えた。

そのまま女のほうへと向かって進んでいったところ、まもなく近くに差し掛かったところで藪《やぶ》から棒に彼女のほうから声をかけられた。

女はふくふくとした笑みを浮かべて、「さっさと死になさいよ」と友人に言った。

いきなりなんてことを言うのだろうと思い、友人はぎょっとなってたじろいだのだが、下手に関わらないほうがいいと考え、女の真横を通り過ぎた。

ところが通り過ぎてからまもなく、なぜだか急激に死にたい気持ちになってきた。

理由らしい理由など何もない。強いて理由を挙げるなら、女から「死になさいよ」と言われたから死にたくなってきたのである。

そわそわとなりつつも、女は一体何者なのだろうとも思い、肩越しに背後を振り返る。

街灯の下では、女がこちらを見つめてまだ笑っていた。

だが、友人が振り返ってその姿を認めるなり、女は頭上の街灯が投げ落とす光の中に溶けるようにして消えてしまった。それを見たとたん、ますます死にたい衝動が高まり、急ぎ足で槇原さんのアパートへ向かってきたのだという。

話が終わる頃には、友人もすっかり正気に立ち返り、「どうしてこんなバカなことをしようとしてしまったんだろう」と、頻《しき》りに首を捻《ひね》り続けた。

友人の目の前で女が消えたという証言から、槇原さんは友人が幽霊にでも出くわして、何か悪いことをされたのではないかと考えた。

そこで、「どんな女だったんだ？」と尋ねてみたところ、友人は再び首を捻り始めた。どれだけ必死に記憶をたどっても、女の姿だけは思いだすことができないのだという。顔を含め、髪型も服装も、年の頃さえも一切思いだせないと友人は答えて頭を抱えた。結局、そこから先は何を話し合っても憶測の域を出ることはなく、槇原さんと友人は、もやもやとした落ち着かない気持ちを抱えたまま、酒を酌み交わすことになった。

余談というか補足になるのだが、江戸の学者・鈴木《すずき》桃野《とうや》の『反故のうらがき』という随筆に、これとよく似た話が書かれている。

麴町《こうじまち》に屋敷を構える組頭の酒宴に招かれた同心のひとりが到着早々、「やむを得ない用事ができた」と言って帰ろうとする。様子がおかしいため、事情を問い詰めてみると、先ほど、食違《くいちがい》門のところで見知らぬ誰かに「首を括《くく》れ」と言われたので、宴席を断ってこれから首を吊《つ》るつもりなのだと、同心は答えた。

幸いにも組頭と周囲の機転によって、同心は得体の知れない自殺を免れるのだけれど、同じ晩、食違門ではまったく別の人物の首吊り死体が発見されている。

随筆では、こうした怪異を引き起こす魔性のことを「縊鬼《いっき》」という名で紹介している。人に首吊りを促す鬼という意味である。

槇原さんのアパートがあるのは麴町とはまったく別の場所ではあるものの、こうして人を理不尽な形で死に追いやる魔性というのは、江戸の昔から時を大きく隔てた現代の東京にも、未《いま》だ絶えることなく存在し続けているのかもしれない。

これから行くよ【対面取材　二〇一五年八月二十六日　水曜日】

辰木さんのバーで槇原さんから話を聞かせてもらい、続いて取材に応じてくれたのは、朽木《くちき》さんという四十代の男性だった。

もう二十年近く前の話になるのだが、未だに印象深くて忘れられない話なのだという。

朽木さんがまだ二十代前半だった、真夏の深夜のこと。

最近、新しいアパートへ引越したばかりの友人のところへ親しい仲間たちと集まって麻雀《マージャン》をしていると、負けの続いてばかりいたアパートの家主が飽きてしまった。

「続けようぜ」と促したのだが、「嫌だ」と言って応じない。

代わりに家主は「それよりちょっと、真夏の余興に行ってみないか？」と言いだした。

聞けば、アパートから十分ほど歩いた近所にお化け屋敷があるのだという。昭和時代の残り香が色濃く漂う古びた木造平屋で、なぜか玄関戸は取り外されており、いつでも家の中身が丸見えになっている。

大家に尋ねてみたところ、以前は年老いた夫婦が暮らしていたのだが、五年ほど前にふたりとも認知症を患ってしまい、遠方に暮らす息子が夫婦共々、施設に入れた。

現在、家の名義は息子のものになっているらしいのだけれど、老夫婦が家を出て以来、他に住む者は誰もおらず、風化に任せるように放置されているのだという。

それに加えて、大家はこんなことも言っていた。

家は無人になってまもなくして、どういうわけか玄関戸が取り外されてしまったため、以前は近所の子供や若い連中が、たびたび悪戯《いたずら》で忍びこんでいた。しかし、ある時から「幽霊が出るらしい」という噂が囁《ささや》かれ始め、侵入者の数は日増しに減り続けていった。今では家に入りこむ者もすっかりいなくなってしまったのだという。

「普通、幽霊が出るなんて噂が立ったら、逆に面白がって人が集まりそうなもんだろ？てことは噂はガチで、本当に幽霊が出るってことなんじゃないか？」

家主は朽木さんたちに持論を述べると、満面に悪戯小僧のような薄ら笑いを浮かべて、「これから行ってみようぜ」と言いだした。

誰もが「嫌だ」と断ったのだが、家主も「行かないんなら、もう麻雀はやらない」と言って譲らない。それで仕方なく、家主の子供じみた好奇心に付き合う羽目になった。

アパートを出て、家主に促されるまま歩いていくと、まもなく空き家が見えてきた。家主が持参した懐中電灯で玄関口を照らしつけると、先ほど話で聞かされていたとおり、玄関戸は取り外されて、中が丸見えになっている。渋々足を踏みこんでいく。

家主は懐中電灯の他にも、ボイスレコーダーを持ってきていた。家の中を探索する間、一部始終を録音していくのだという。

内部は大きく荒らされた形跡もなく、特にこれといって変わった物も見かけなかった。おまけに家の造り自体も狭いため、大して怖がる時間さえなく、探索はあっというまに終わってしまった。

「なんだよ。結局、噂は噂ってことかね」

家主のかったるそうなぼやきを聞きながら、みんなでアパートへ戻っていく。

帰宅後、雀卓を囲んで腰をおろすと、家主がボイスレコーダーの再生ボタンを押した。ところが再生された音声には、朽木さんたちの声も足音も入っていなかった。代わりにざーざーという、樹々の枝葉が擦れ合うようなノイズ音が流れ続けるのみである。

「録音まで失敗かよ。本当に踏んだり蹴《け》ったりだよな」

家主がため息をつきながら、停止ボタンに指をかけようとする。

と、そこへ。

「これから行くよ」

ふいにスピーカーから、女の声が聞こえてきた。

一同、はっとなって顔を見合わせたとたん、今度は外から別の音が聞こえてくる。

足音だった。

時刻はすでに深夜二時近く。住民たちの大半がとうに寝静まったであろう、住宅地の路上から、足音は爆雷のような凄《すさ》まじい勢いを轟《とどろ》かせて聞こえてくる。

しかも足音は、空き家の立つ方面からアパートへ向かって近づいてきていた。

嘘だろうと思うまもなく、足音はどんどん大きくなって聞こえてくる。ものの一分も経たないうちにそれはアパートの前までたどり着き、続いて「かんかん！」という甲高い金属音を響かせながら、家主の部屋がある二階へ続く階段を駆け上ってきた。一同、悲鳴をあげてその場を立ちあがり、「どうする、どうする！」と慌てふためく。そこへ突然、「ばちぃぃん！」と乾いた音が弾《はじ》け、辺り一面が真っ暗になった。

ブレーカーが落ちたのである。暗闇の中で、さらに大きな悲鳴が巻き起こる。

家主がすかさず懐中電灯の明かりをつけて駆けだし、キッチンに備えつけられている分電盤を操作すると、電気はすぐに復旧した。

同時に、あれほどけたたましく聞こえていた足音は、いつのまにか嘘のように止んで、辺りがしんと静まり返っていることに気づく。

「おいおい、マジかよ。勘弁してくれよ……」

歯の根をがちがち震わせながら、友人のひとりが雀卓の前にへたりこむ。

朽木さんたちもそれに合わせて次々と腰をおろし始めたのだが、全員が座り終わってまもなく、家主が「おい！」と叫んで雀卓の上を指差した。見ると、卓上に散らばっている麻雀牌《パイ》のひとつが、どす黒く染まって屹立《きつりつ》していた。薄い光沢を帯びて縦に突っ立つその様子は、どことなく黒い御影石の墓石を連想させ、みるみるうちに背筋へ粟《あわ》が浮いてくる。

無論、誰もこんな悪ふざけをした者などいなかった。

恐る恐る手に取って検《あらた》めてみたのだが、麻雀牌がどんなもので染めあげられたのかは、判然としなかった。マジックでもなければ墨汁でもなさそうで、どれだけ指で擦《こす》っても色は少しも落ちなかった。まるで牌の内側から丸々変色してしまったか、火に焙《あぶ》られて焦げついてしまったかのような印象を受け、その場は再び重たい空気に包まれた。

　こうした怪異に見舞われて以来、家主の友人はしばしば金縛りに遭うようになった。眠っていると腹の上に何かが「どん！」と乗っかってきて、再び意識がなくなるまで身体が動かなくなるのだという。

　初めのうちはなんとか我慢していたのだけれど、ほどなく耐えきれなくなってしまい、結局、入居から三月も経たないうちに部屋を引き払ってしまったそうである。

無人になったあの空き家には、一体何が棲《す》み着いていたのか。

　その正体については、未だに分からないままだという。

ぐんぐん鬼【対面取材　二〇一五年九月十二日　土曜日】

辰木さんの取材から始まり、期せずして店に来ていた槇原さん、朽木さんからも話を聞かせてもらったところで、この日の取材は終わった。

取材後、辰木さんの厚意で「よければ常連さんに声をかけて、店に集めますか？」と提案されたので、裕木はこれにも飛びついた。

それから二週間後の週末、夜の七時過ぎに到着した辰木さんのバーには、五名ほどの常連客が集まり、その全員から奇怪な話を聞くことができた。

ただし、例によって頁数の関係上、全ての話を紹介するのは困難である。

本書では五人分の話のうち、四人の話については割愛させてもらい、とりわけ奇怪な印象を受ける、一話のみを紹介させていただくこととする。

沓水《くつみず》さんという、五反田の洋裁店に勤める四十代の男性が体験した話である。

今から三十年以上前、沓水さんが小学校低学年の頃にこんなことがあったのだという。

沓水さんは春休みに、両親と三人で山梨県の山中にある温泉旅館へ泊まりに出かけた。

二泊三日の宿泊を終えた、その帰り道でのことである。

父が運転する車で山道を走っていたのだけれど、途中で道に迷ってしまい、山の中を延々と走る羽目になってしまった。

旅館を出たのは午前十時前だったのに、お昼を過ぎてもまだ山の中から抜けだせない。しだいにお腹は減ってくるし、車の窓から見えるのは、緑の樹々が連なる風景ばかりでとっくの昔に飽きていた。おまけに座りっぱなしの尻《しり》もじわじわと痛くなってくる。何度か不満を訴えようとしたものの、ハンドルを握る父のほうは露骨に苛々《いらいら》していて、下手なことを言える雰囲気ではなかったし、助手席に座る母のほうも似たり寄ったりな雰囲気だった。仕方なく、後部座席で大人しく耐え続けることにする。

そうしてさらに山道を逍遥《しょうよう》していくうちに、やがて前方に小さな石造りのトンネルが見えてきた。

トンネルの真上には、枝葉が好き放題に伸びて荒れ果てた樹々が不気味な冠よろしく、こんもりとした形を描いてのっかり、入口の方々には薄いひびが何本も走っているのが見て取れる。幅員も車二台がようやくすれ違えるかどうかといったところである。

杳水さんが内心、（ここに入るつもりなのか……）と身構えるなか、父はスピードを緩めるそぶりさえなく、トンネルの中へと車を滑りこませた。

全長は目算で三十メートルほど。壁は、腐敗したかのようにねっとりとした湿り気を帯びて黒ずみ、あちこちに緑色の苔《こけ》や黴《かび》が生えている。電灯も備えられていなかったが、入口と出口の両側から光が差しこんでくるので、大して暗い感じはしなかった。

対向車がやって来る気配もなかったため、車はトンネル内を順調に進み、出口の光がみるみる大きく迫ってくる。そうしてトンネルの出口側まで、残り十メートルほどまで来た時だった。

ふと気づくと、車から少し離れた前方に人影が突っ立っているのが見えた。

筋骨隆々の体軀《たいく》をした半裸の大男で、身に着けているのは浦島太郎《うらしまたろう》のような腰蓑《こしみの》一枚。髪の毛は鳥の巣よろしく、もじゃもじゃに乱れて膨らんでいる。

そんな異様な風体をした大男が、いつのまにか車の前へ仁王立ちになっていたのだが、子供心にもすでに衝突を避けられる距離とは思えなかった。

男の姿を認めたとたん、父は驚きの声を張りあげ、すかさず急ブレーキを踏みこんだ。けれども沓水さんが予感していたとおり、車は鋭いブレーキ音を響かせながらも、男に向かってぐんぐん距離を縮めていく。

蒼《あお》ざめながらもぶつかるのを覚悟し、全身に力をこめて身構えたのとほぼ同時だった。ふいに男が、こちらへ向かって飛びこむような勢いで駆け寄ってきた。

とたんに男の顔がぶわりと大きく膨らんで、フロントガラスの真ん前へと迫ってくる。よく見ると男の頭の両側には、牛のような角が一対生えていた。

「あっ！」と思った時には、もうすでに男の顔はフロントガラスを埋め尽くすほどまでぐんぐん膨らみ、ガラスを突き破りそうな距離まで迫ってきていた。沓水さんは元より、父も母もありったけの悲鳴を張りあげる。

そこへ男の顔がふっと掻《か》き消え、再び前方の視界が開けた。一体何が起きたのかも、男が何者であるのかさえも分からないまま、沓水さんたちはなおも悲鳴をあげ続けたまま、猛スピードでトンネルを抜けだした。

随分昔の話だし、まるで御伽噺《おとぎばなし》の一幕のような突拍子もない出来事でもある。

今になって当時の体験を振り返ると、現実の記憶と夢か何かで見た記憶が、頭の中でごっちゃになっているのではないかと思う時もあるのだという。

だが、折に触れてこの時の一件を両親に尋ねるたび、ふたりとも露骨に顔を強張《こわば》らせ、

「そんなことはもう、思いだしたくもない」と口を揃えて答えもする。

だから三十年以上も前のあの当時、自分たち一家は、あの山中のトンネル内で確実に、正体の知れない異様な何かと遭遇しているのだと、沓水さんは話を結んだ。

幽霊梅【電話取材　二〇一五年九月十八日　金曜日】

辰木さんのバーで二回目の取材を終えたあと、さらに辰木さんから新たな取材相手を紹介してもらうことができた。

辰木さんの趣味仲間で、会社員の鳥丸《とりまる》さんが体験した話である。

数年前の初夏、鳥丸さんは友人ふたりと、中野《なかの》区にある哲学堂公園へ遊びに出かけた。

同公園は、哲学者の井上円了《いのうええんりょう》が明治三十七年に創設した施設である。

園内には、釈迦《しゃか》、孔子《こうし》、カント、ソクラテスを祀《まつ》った四聖堂を始め、東洋の六賢人を祀った六賢台、その他、宇宙館や絶対城といった、哲学にちなんだ建物が点在している。

妖怪《ようかい》研究の創始者としても有名だった円了は、こうした建造物の他にも、門の両脇に幽霊と天狗《てんぐ》の像を祀った哲理門を始め、鬼や化け狸の石像など、この世ならざるものにまつわるモニュメントも各所にちりばめている。

昼過ぎに現地へ到着した鳥丸さんと友人たちは、初夏の日差しと周囲に色づく樹々の緑を楽しみながら園内をのんびりと回って歩いた。

そうして、しばらく散策を楽しんでいた時である。

園内の一角に、背の低い梅の木が植えられているのが目に入った。

案内板を見てみると、「幽霊梅（跡）」と記されている。

その昔、円了が暮らしていた駒込《こまごめ》の自宅に、日が暮れると幽霊が出る梅の木があった。ところが円了自身が詳しく調べてみたところ、幽霊の正体は、家内に灯《とも》るランプの光が、樹下に映りこんだものだったのだという。

こうした由来を持つ幽霊梅は、元の木が枯れてしまったため、現在は代替わりをして新しい木が植えられている。そんな解説を同行した友人から聞かせてもらった。

花の時季が終わった梅の木は、淡い緑に色づいた無数の葉を静かにさざめかせながら、屹立《きつりつ》している。

名前こそ幽霊梅だが、その実態はランプの明かりの見間違い。さらにはオリジナルの梅も今はなく、目の前に生えているのは、言わばレプリカのようなものである。来歴と現状を知り、なんとなく白けたような気分で木を眺めていると、微風になびく葉の向こう側から、青白い顔をした女がこちらをじっと見つめているのが見えた。

はっとなって、すぐさま木の裏側へ回りこんでみたのだが、女の姿はなかった。梅の木の周囲も探してみたものの、やはり女の姿は見つからなかったそうである。

ぺらぺらの【電話取材　二〇一五年九月十八日　金曜日】

鳥丸さんの妹さんも以前、怖い体験をしたことがあると教えられたので、日を改めて電話取材をさせてもらった。

鳥丸さんの妹・郁《いく》さんは、七年ほど前の夏場、仲のよい従姉妹《いとこ》と新島《にいじま》へ泊まりがけの観光旅行に出かけた。

初日の晩、宿泊先の民宿で従姉妹と布団を並べ、眠りに就いてからのことである。

昼間にあちこち歩き回ったおかげで、布団に入るとすぐさま眠りに落ちたのだけれど、就寝からしばらくすると、妙な気配を感じて目が覚めてしまった。

隣で寝ている従姉妹がまだ起きているのかと思い、薄目を開けて視線を向ける。

とたんにぎょっとなって身が竦《すく》みあがる。

郁さんと従姉妹が寝ている布団と布団の隙間から、真っ赤な色をした腕が突きだして、部屋の宙をうねっていた。その直径は目算で、郁さんの身長よりも高い。

腕は色と長さも異様だったが、形も奇怪窮まりないものだった。

厚みがまったくなく、あたかも紙でできているかのごとく、ぺらぺらしている。

そんな、この世のものとは到底思えぬ不気味な腕が、平たく細い指先を天井のほうへ向けながら、右へ左へぐねぐねと揺らめいていた。

布団の中で硬直したままその様子を見つめていると、こちらの視線に気がついたのか、まもなく腕はぴたりと動きを止めた。続いて、下側から思いっきり引っ張られるような動きで、布団と布団の間にすっと消えていく。

腕が見えなくなった瞬間、がばりと布団から飛び起き、電気をつけた。腕が消えたとおぼしき場所にはちょうど、深緑色をした畳の縁《へり》が並んでいる。

どうやら腕は、畳の縁の恐ろしく細い隙間から現れ、消えていったようだった。

明かりがつくと従姉妹も目を覚ましたので、今しがた、自分が見たものを説明した。従姉妹は半信半疑だったものの、そう言えば先ほどまで、異様に長い腕に追い回される夢を見ていたような気がすると答えた。

その晩、再び腕が畳の隙間から現れることはなかったが、あんなものが出る民宿だと分かってしまっては、とても泊まり続ける気にはなれなかった。二泊三日だった予定を切りあげ、二日目の宿泊はキャンセルして帰ってきたそうである。

民宿自体は、そこそこ古めかしい雰囲気ではあったものの、他には特に不審な点など感じられない、ごくごくありふれた構えの宿だったという。

前方車【電話取材　二〇一五年十月二十五日　日曜日】

郁さんへの電話取材が終わってひと月ほどが経った頃、再び彼女から連絡が入った。

言うまでもなく、新たな取材相手の紹介である。

郁さんの会社の上司である三浦《みうら》さんも、不思議な経験をしたことがあるのだという。

こちらも電話取材で話を聞かせてもらうことができた。


十年近く前の話だという。

梅雨時の昼さがり、三浦さんは東名高速道路を使って、都内の本社から静岡県にある支社へと向かった。

ようやく用事が済んで支社を出たのは、夜の八時近く。都内を出発した頃から天気はぐずつき、時折小雨が降っていたのだが、この時はすでに本降りとなっていた。

本来ならば、普段以上に慎重な運転を心がけるべきなのだろうが、翌日も朝早くから別の出張が入っていたし、身体も疲れが溜まりに溜まって、早く家に帰りたかった。

再び東名高速にあがると、悪天候もお構いなしに猛スピードをだして家路を急ぐ。

そうしてしばらく、闇夜に煙る雨の中を疾走し続けていた時だった。

少し離れた路上の前方に、見覚えのある車を認めた。鮮やかなレモンイエローの車体にマフラーの形が特徴的な、外国製の高級車である。それは数年前、交通事故を起こして亡くなった友人の車と同じものだった。

思い返せば、彼が亡くなったのもこの時季である。やはり雨の降るなか、スピードをだし過ぎ、スリップを起こした末の自爆事故だった。

しんみりとした気持ちで、前方を走る車のナンバープレートを見るともなしに見やる。ところが車はナンバープレートの数字まで、亡き友人のそれとまったく同じものだった。語呂《ごろ》合わせのできる数字だったので、三浦さんもはっきりと覚えていた。

嘘だろう……と思いながら、車の背後へ向かってさらに距離を縮めていくと、車内の様子が驚くほど明るく、はっきりと見えた。

煌々《こうこう》とした光に包まれた車内には、運転シートからこちらへ向かって首を振り向ける友人の顔があった。その顔には、呆《あき》れたような笑みが浮かんでいるのも見て取れた。

三浦さんがはっとなった瞬間、車は急に物凄《ものすご》いスピードをあげ始め、夜陰に染まった道路の彼方《かなた》へ吸いこまれるように消えていった。

一瞬、唖然《あぜん》となりはしたものの、車がすっかり見えなくなった頃には友人の気持ちがしみじみと分かり、その後は安全運転で家路をたどったそうである。

やっぱりやめよう【電話取材　二〇一五年十月二十五日　日曜日】

三浦さんへの取材後、さらに奥さんの千代子《ちよこ》さんも紹介してもらえる流れとなった。こちらも同じく、電話取材によるものである。

千代子さんが高校二年生の時、学園祭の催しでお化け屋敷をやることになった。空き教室を廃墟風のおどろおどろしい雰囲気で飾りつけ、順路に沿って各所に様々な仕掛けを用意していく。他にもクラスメイトがお化け役に扮《ふん》して、入場者を脅かすという趣向も採用になった。

実行委員のひとりだった千代子さんが、他の委員の生徒たちとお化けの衣装について話し合っていたところ、ひとりの女子生徒から「看護師のお化けはどうかな？」という提案があった。

恵里菜《えりな》さんという小柄な身体つきの女の子で、彼女の母親は看護師の仕事をしていた。だから自宅に古い白衣が何枚かあるのだという。

白い着物や浴衣《ゆかた》といった衣装はすでに確保できていたのだけれど、看護師の衣装とは珍しかったし、第一とても怖そうだった。全員一致で採用が決まる。

その翌日、恵里菜さんがさっそく白衣を持ってきてくれた。

放課後、雰囲気を確認するため、恵里菜さんに着替えてもらうことになる。

恵里菜さんは空き教室のそばにある無人の倉庫へと向かい、ひとりで着替えを始めた。千代子さんと他の委員の子たちは、倉庫の前で恵里菜さんが着替え終えるのを待った。

そうしてほどなく、倉庫のドアが開く。

しかし、倉庫の中から出てきたのは恵里菜さんではなく、彼女とは似ても似つかない、白衣に身を包んだ背の高い女だった。女は両目を丸くひん剝《む》いた凄《すさ》まじい形相を浮かべ、こちらを睨《にら》みつけていた。

一同、「ぎゃっ！」と悲鳴をあげてうしろへ飛び退いたのだが、再び視線を向けると、女は白衣姿に着替えた恵里菜さんに戻っていた。

誰もが見間違えだと思いはしたものの、その誰もがほんの一瞬ながら、恵里菜さんが得体の知れない看護師に変わっていたのを目撃していた。

事情を聞かされた当の恵里菜さん本人も、その場にへたりこんで泣きだしてしまうし、こんなことが起きると不吉な予感を覚えて仕方なかった。

結局、お化け屋敷の本番では、看護師のお化けは不採用となってしまったのだという。

あべこべ【対面取材　二〇一五年十一月十日　火曜日】

いつもの例に漏れず、裕木は三浦さん夫妻への取材を終えた際にも、次の取材相手が見つかったら連絡が欲しい旨を伝えていた。

それから二週間近く経った十一月の上旬、無事に千代子さんから連絡が来た。

彼女が一昨年《おととし》まで勤めていたコンビニのオーナー夫妻で、白倉《しらくら》さんという六十代近い年齢のふたりである。

怪異にまつわる出来事は、自分たちが経営する店で起こったことなので、できるなら直接現地に来てもらって話を聞かせたいとのことだった。

ただし、千代子さんの印象では、夫婦はどうやら裕木のことを霊能関係者か何かだと思いこんでいる節があるらしい。

千代子さんは、裕木がそうした関係の人物ではないことを説明してくれたのだけれど、実際に本人たちと会った時の反応までは保証できないと言われた。

裕木は少し迷ったものの、せっかく順調に続いている取材の線をここで断ち切るのは、あまりにも勿体《もったい》ないと思った。腹を括《くく》って現地へ向かうことに決める。

八王子《はちおうじ》の閑静な住宅地の中にある白倉さんのコンビニは、開店から二十年以上が経つ、地元ではすっかり馴染《なじ》みの店だった。

比較的、仕事が暇だという午後の三時に店へ向かうと、白倉さん夫婦は裕木の来訪を諸手《もろて》を挙げて喜んだ。ふたりに「どうぞ！」と促され、事務所のほうへ案内される。

「あ、でもその前に、ちょっとこちらを見てもらえませんか？」

事務所へ向かう途中、白倉さんの奥さんが、裕木を店内のトイレへと連れていった。

「何か変な気配を感じるとか、妙なものが視《み》えるとか、そういうことはないですか？」

個室の扉を開け放ち、いかにも神妙そうな顔つきで尋ねられたものの、トイレの中は無人だったし、残念ながら霊感めいた感覚など、裕木はまったく持ち合わせていない。素直に「いえ。わたし、霊感とか全然ないので分かりません」と答えると、奥さんは微妙に残念そうな顔色を浮かべ、「そうですか。分かりました」と言葉を返した。

それから事務所へ通され、ようやく夫婦の話が始まった。

「今はもう、何も起こる様子はないんですが、それでも原因がいまいち分からないから、もやもやしてしまうんですよね。未《いま》だに薄気味の悪い思いをさせられているんです」

白倉さんの語るところによれば、始まりは去年の春先。二月辺りのことだという。

深夜二時頃、自宅で白倉さんが寝入っていると、携帯電話に店から着信が入った。

何事かと思って出てみると、電話の主は深夜バイトをしている脇田《わきた》さんという青年で、今しがた、店にお化けが出たのですぐに来て欲しいのだという。

何を馬鹿なと思った白倉さんは、店へ向かう代わりに電話で詳細を聞くことにした。

すっかり怯《おび》えた調子で語る脇田さんの話によれば、こうである。

つい先ほど、休憩時間に入る前にトイレを済ませておこうと思い、扉を開けたところ、中に男が突っ立っていたのだという。

歳は四十代から五十代くらい。髪の毛は鳥の巣のごとくもじゃもじゃと膨らんでいて、口元も長く伸びた濃い髭《ひげ》で覆われていたため、正確な年齢までは測りきれなかった。

まだまだ寒さの厳しい時期だというのに、男の服装は黒い半袖《はんそで》のポロシャツと黄色いハーフパンツ、おまけに裸足《はだし》にゴムサンダルという出《い》で立ちである。

それらのいずれもがボロボロに擦り切れ、あちこちが泥土に塗《まみ》れて薄汚れていた。

そんな異様ななりをした男が、気味の悪い薄笑いを浮かべてトイレの中からこちらをじっと見つめていたものだから、思わず悲鳴があがって反射的に扉を閉め直した。

続いて扉に向かって、「失礼しました！」と謝罪の言葉をかける。

「ははははははは」

ところが返事はトイレの中からではなく、脇田さんのすぐ耳元から聞こえてきた。

びくりとなって振り向くと、脇田さんの隣に男が立っていて、薄笑いを浮かべていた。

二度目の悲鳴をあげて、男の前から背後へ向かって跳ねるように後じさる。

とたんに男はトイレの前から忽然《こつぜん》と姿を消して、影も形もなくなってしまった。

それでお化けが出たと確信した脇田さんは、白倉さんに救いを求めてきたのである。

「て言われても、うちの店でお化けが出たなんて話、聞いたことがないし、私らだって、この店で一度もそんなものは見たことがなかったんですよ」

朝方、ようやく出勤すると、店内にいた脇田さんに恨みがましい目で見られたけれど、脇田さんの勘違いだと思った白倉さんは結局、店には向かわなかったのだという。

白倉さんは意にも介さず、「しっかりしてくれよ」と声をかけただけだった。

白倉さんとしては、それで全て終わる話だと思っていた。

ところがそうはならなかった。

脇田さんの一件からふた月ほどが過ぎた、四月の半ば過ぎのことだった。

昼間、白倉さんと奥さんが事務所で仕事をしていると、シフトに入っていたバイトの中年女性が、血相を変えて事務所の中へ入ってきた。

「どうしたのか？」と尋ねると、お客さんがトイレで不審者を見たのだと言う。

先ほど、店を訪れた若い女性客がトイレを使用するため、扉を開けた。

すると、中には薄汚い髪型と服装をした男が立っていて、怪しい笑みを浮かべながら女性客の顔をじっと見つめていた。

悲鳴をあげて背後へさがると、男は目の前から忽然と姿を消してしまったのだという。

話を聞き終えるや、脇田さんの体験談が脳裏にまざまざと蘇《よみがえ》ってくる。

女性客はまだ店内にいると言うので、彼女に直接話を聞いてみた。

男の服装は、脇田さんが話したものとまったく同じだということが分かった。

「この店、出る店なんですか？」と女性客に尋ねられたものの、心当たりはまるでない。

「分かりません」と答えるのが精一杯だった。

さらにそれからひと月近くが経った、五月半ばのことである。

今度は白倉さんの奥さんが、男の姿を目撃する。

午後の四時過ぎ、カウンターで仕事をしていると、客から「トイレが汚れている」と言われたので、急いでトイレへ向かった。

便器の前で膝《ひざ》を折り、ブラシで汚れた箇所を磨き始めて二、三分ほどした頃だという。ふいに背後から、すっと影が差しこんでくるのが見えた。

はっとなって振り返ると、鳥の巣のごとくもじゃもじゃした髪型と口髭《くちひげ》、あちこちがボロボロに擦り切れ、泥土で薄汚れたポロシャツとハーフパンツを身に纏《まと》った例の男が、こちらを見おろし、不敵な笑みを浮かべていた。

しかし、ぎょっとなって立ちあがった時には、すでに男の姿は目の前から消えていた。

慌ててトイレを飛びだし、店内を見回しても、やはり男の姿は見つからなかった。

脇田さん、女性客、そしてとうとう奥さんと、目撃者が三人も続いてしまったことで、さすがの白倉さんも、何か対策を講じねばと思うようになった。

すぐに思い浮かんだのは、お祓《はら》いをしてもらうことだった。

さっそく近所の神社に連絡を取り、宮司に事情を説明したうえでお祓いをお願いした。宮司は快く依頼を引き受け、わざわざ来客の少ない夜間にトイレのお祓いをしてくれた。

「それっきり、男がトイレに出ることはないんです。もう一年半近くになりますね」

　白倉さんはそう言ったのだが、顔つきはなぜか浮かないままである。

「出なくなったんでしたら、お祓いが効いたっていうことじゃないんでしょうか？」

　裕木が所感を伝えると白倉さんは、「この話、まだ続きがあるんですよ」と答えた。


　宮司にお祓いをしてもらってから、さらに三ヶ月余りが過ぎた、八月下旬のこと。

　またもや深夜二時頃に店から電話が掛かってきた。

　出ると電話の主も以前と同じく、脇田さんだったのだけれど、今回の取り乱しようは前回の比ではなかった。

　店の裏手にあるゴミ置き場の前で、男が死んでいるのだという。

　すでに警察と消防には連絡してあるが、すぐに来て欲しいとのことだった。

　奥さんとふたりで店へ向かうと、脇田さんがふたりをゴミ置き場まで案内してくれた。

　ゴミ置き場は錠前のついた物置で、中には主に廃棄登録の済んだ食料品が入っている。その外側には店から出たゴミの袋が、周囲をぐるりと囲むようにして並べられている。

　男は、その並べられたゴミ袋を蹴散《けち》らすような形で仰向《あおむ》けに倒れ、事切れていた。

　自分の店の敷地で人が死んでいること自体がショックだったのだが、倒れた男の姿をまじまじと見たとたん、白倉さんは我が目を疑い、傍らにいた奥さんは悲鳴をあげた。

　なんと、目の前で死んでいたのは、春先からトイレで目撃されていた、あの男だった。

髪型も髭の様子も服装も、奥さんたち目撃者の証言と全て一致していた。

恐る恐る奥さんと脇田さんに尋ねると、どちらも「この人物で間違いない」と答えた。

男は転倒した弾みにアスファルトの上に後頭部を強く打ちつけ、絶命したようだった。後頭部から流れだした血がアスファルトの上へと広がり、小さな血だまりを作っている。

この地元界隈《かいわい》では見たことのない顔だった。身なりから察して、よそから流れてきたホームレスか何かではないかと思う。

だとしたらおそらく、男は廃棄された食料品を求めて、ここへとやって来たのだろう。ところが物置には鍵《かぎ》が掛かっているので、扉から中へと入ることはできない。

そこで他の侵入口を探して周囲をうろついているうちに、大量のゴミ袋に足を滑らせ、そのまま逝ってしまったのではないだろうか？

まもなくやって来た警官と救急隊員も概《おおむ》ね同じ意見だったので、男の死因に関しては、何も不審を感じることはなかった。

後日、男が別の街からやって来たホームレスだったということも判明する。

だが、白倉さんたちにとっては、男の素性や死因などより解せないことがあった。

なぜに男が半年以上も前から、それも本人が生命を落とすその前から、店のトイレに姿を現していたのか？　ということである。

トイレで目撃された男は、いずれも一瞬で目の前から姿を掻《か》き消しているそうだから、生身のそれではないはずである。ところがこの当時、男はまだ確実に生きていたのだ。

「じゃあ、なんなんだろうってなるわけですよ。これじゃあ順番が逆じゃないですか？死ぬ前からお化けになって出てくるくらいだから、またいつ何時、トイレにひょっこり化けて出てくるか分かったもんじゃありません。未《いま》だに気味が悪くて仕方ないんですよ。……本当にトイレ、何も感じはしませんでしたか？」

再び確認されたものの、やはり「いいえ」と答える他なかった。

初めに男の変死事故があり、次にお化けの目撃談があり、そのうえでお祓いがなされ、お化けが出なくなったのなら、白倉さん夫妻も安心できたのだという。

ところが順番はあべこべなのである。裕木も道理が分からず、頭を捻《ひね》ることになった。

「こういう場合、何か有効な対処法ってご存じないもんですかね？」

相変わらず、裕木を霊能関係者と思いこんでいるらしい白倉さんに尋ねられたのだが、何も妙案は思い浮かばなかった。

代わりに「今後もお化けが現れないことをお祈りします」とだけ告げ、身近に怪異の体験者がいたら紹介して欲しい旨を伝えると、裕木は少しだけ急ぎ足で店をあとにした。

七不思議【取材日　二〇一五年十二月十三日　日曜日】

白倉さん夫妻の経営するコンビニの取材を終えて、およそひと月後。

白倉さんから、ようやく次の取材相手の紹介連絡が来た。

佐津子《さつこ》さんという七十代前半の女性で、元は小学校の校務員をしていた人だという。

白倉さん曰《いわ》く、「長年学校勤めをしていた人なので、学校にまつわる怖い話だったら、たくさん知っているみたいですよ」とのことだった。

電話での取材よりかは、実際に顔を合わせたほうが話をしやすいとのことだったので、佐津子さんの自宅へ直接伺うことにした。

彼女の家は白倉さんのコンビニから、ほど近い場所にあった。

「七不思議って知ってるでしょう？　昔から学校に伝わる、怖い話のことなんだけど」

南向きに面した掃きだし窓から、柔らかな日差しが燦々《さんさん》と降り注ぐアパートの一室で、綺麗《きれい》な白髪頭をした佐津子さんが、笑みを浮かべて裕木に言った。

「知ってます。聞かせてくれるお話は、七不思議にまつわるものなんですか？」

尋ねると佐津子さんは、「ええ、そうよ」と答えて、さっそく話を始めてくれた。

前置きどおり佐津子さんは、十五年ほど前まで勤めていた小学校に伝わる七不思議にまつわる怪異を、きちんと七つ語ってくれた。

ところが大層申しわけないのだけれど、裕木の期待に反し、彼女の語ってくれた話は、いずれもどこかで聞いたことのある、極めて凡庸なものばかりだった。

取材ノートに記された裕木自身のコメントと頁数の問題を考慮して、この話は以下に、大まかな概要のみを紹介させていただくこととする。

■一話目　歩く人体模型

校舎一階の理科室にある人体模型は、夜になると勝手に廊下を歩きだすのだという。

■二話目　体育館の大鏡

体育館の壁の隅に掛けられている大鏡は、周囲に人気がない時に見つめ続けていると、鏡に映る自分の姿が骸骨《がいこつ》に見えてくるそうである。

■三話目　桜の木の下

校庭に植えられている桜の木々の下には、旧日本軍の人体実験で亡くなった人たちの死体が埋まっており、花が咲く季節の夜中になると、土の下から泣き声が聞こえてくる。

■四話目　音楽室のベートーベン

校舎二階の音楽室に飾られているベートーベンの肖像画は、周りに誰もいない時にはぎょろぎょろと目を動かしたり、独り言を喋《しゃべ》ったりする。

■五話目　プールの手

夕暮れ時、プールへ行くと、水面にばしゃばしゃと水柱があがっている。よく見ると、水の中から真っ白い腕だけが飛びだし、水面を掻き回しているのだという。

■六話目　トイレの花子《はなこ》さん

校舎二階にある女子トイレ、そのいちばん奥の個室には花子さんが住んでいる。雛祭《ひなまつ》りの日、個室の扉に向かって「三月三日の花子さ〜ん」と呼びかけると、中から「は〜い」と返事をする声が聞こえてくる。

■七話目　魔の十三階段

校舎一階の西側にある、地下倉庫へ続く階段は、普段は十二段なのだけれど、その昔、地下倉庫で自殺した教員の命日には十三段になる。

この時に数を数えると、呪われてしまうという。

話を終えた佐津子さんに「どうだった？」と尋ねられるも、まさか「凡庸でした」と答えるわけにもいかない。「大変結構なお話でした」と笑みを浮かべて感想を述べると、佐津子さんは大いに満足してくれた様子だった。

「ところで佐津子さんご自身には、何か怖い体験とか不思議な体験はないでしょうか？　それこそ、佐津子さんが子供の頃に体験したお話などもありましたら、そちらのほうもぜひとも聞かせて欲しいです」

半ば博打《ばくち》のような心境で尋ねてみると、佐津子さんはつかのま、悩ましげな眼差《まなざ》しを空に浮かべたあと、「あるにはあるけど、すごく変な話だし、お化けが出てくるようで本当は出てこないような話だから、喜んでもらえるかどうか分からないわよ」と言った。

「お願いします。そういう話もぜひお聞きしたいです」

寸秒間を置き、裕木の返事に深くうなずくと、やおら佐津子さんは意を決したような顔つきで自身の古い体験談を語り始めた。

葡萄《ぶどう》の娘《こ》【取材日　二〇一五年十二月十三日　日曜日】

昭和三十年代の初め、佐津子さんが小学五年生の時に体験した出来事だという。

佐津子さんが生まれ育ったのは、東京のはるか西側に位置する小さな町だった。人家や商業施設などより、山や森といった自然が占める割合のほうが多く、幼い頃は東京に暮らしているという実感など、まったく湧かなかったそうである。

小学五年生の真冬、前夜に大雪が降り積もった翌朝のことだった。

佐津子さんは登校中に路上で足を滑らせ、転倒した際に左肩の骨を折ってしまった。

すぐに隣町の大きな病院に搬送され、小児科病棟へ即日入院が決まる。

医者の処置が終わって運びこまれた病室は四人部屋だったのだけれど、他のベッドは全て空っぽだった。窓際に設《しつら》えられたベッドに、佐津子さんだけが寝かされた。

骨折した肩は燃え盛るような熱を帯び、じわじわと耐え難い痛みを伴って、その夜はなかなか寝つくことができなかった。

おまけにベッドの周囲を仕切るカーテンは開け放たれたままにされ、痛みに耐え兼ね両目を開くと、今度はがらんと広がる病室の暗闇が、視界にどっと押し寄せてくる。

その暗さも怖くて仕方がなかった。

それでも必死で苦痛に耐え抜き、ようやく微睡《まどろ》みかけてきた、深夜過ぎのことである。突然病室のドアが開いたかと思うと、一台のストレッチャーが病室に入ってきた。ストレッチャーは数人の看護婦たちに押され、その傍らには、身内とおぼしき人物も何人か付き添っているのが見える。

ストレッチャーは、隣のベッドの側面にぴたりとくっつくようにして止まった。続いて、ベッドの枕元にある電灯がつけられ、看護婦たちが全員でストレッチャーに寝かされている人物をベッドのほうへと移し始めた。

その騒がしさと電灯の眩《まぶ》しさにすっかり目が冴《さ》えてしまい、さしたる興味もないのに視線は勝手にそちらへ向いてしまう。

ベッドのそばに並んで突っ立つ、身内とおぼしき人物は、数えてみると五人いた。いずれも着物姿で、口元に立派な髭《ひげ》を蓄えた中年男性と綺麗な顔立ちをした中年女性。

それから、このふたりより一回りほど年長に見える、頭を角刈りにした初老の男性と、着物の上から前掛けをした白髪交じりの女性。

そして、小学三、四年生ぐらいとおぼしき、色が白くて目鼻立ちのすっきりと整った女の子の五人である。

年長の男女はふたりとも、着ている着物の地味な感じと、どことなく畏《かしこ》まったような物腰から察して、使用人か何かではないかと感じた。

ならば残りの三人が、ストレッチャーで運ばれてきた人物の家族ということになろう。佐津子さんの推測が正しければ、さぞやお金持ちの家なのだろうと思った。

ストレッチャーのすぐ隣には、鈍《にび》色に輝く点滴スタンドも並んでいた。てっぺんから突きだしたフックには、大量の輸液パックがぶらさがり、葡萄の木みたいになっている。

尋常ではない数だったので、どんな怪我をして担ぎこまれたのだろうと気になった。再びストレッチャーのほうへ視線を戻すと、折しも看護婦たちがストレッチャーの上に寝かされていた人物を、ベッドのほうへ抱きあげたところだった。

何げなくその顔に視線を向けた瞬間、たちまちぎくりとなって背筋が凍りつく。

ベッドの上に寝かし直されている人物の顔面は、目蓋《まぶた》も鼻も唇も、顔じゅうの全てが歪《いびつ》に捩《ねじ》れて膨れあがり、まるで人の肉で作った葡萄のお化けのようになっていた。

身の丈や身体つきは、佐津子さんとほとんど変わらず、おそらく同年代だと思われる。おかっぱ頭にした髪型から、女の子だということもかろうじて分かった。

灰色の病院着から覗《のぞ》く両脚には、分厚いギプスがつま先までぎっしりと巻かれている。多分、骨折したのだと思うが、こんな時間に一体何があったのだろうと思う。

葡萄のお化けみたいな顔をした女の子は、麻酔で眠らされているのか、ベッドの上に寝かし直されても、ぴくりとも動く気配はなかった。

その様子を一頻《ひとしき》り確認し終えると、看護婦のひとりが同伴した身内らに彼女の容態や、今後の対応などの説明を始めたが、声が小さくてくわしい内容までは聞き取れなかった。

そんなことよりも、ひとつだけはっきりしているのは、今夜からあの娘とこの病室で寝起きを共にするということだった。想像しただけで肩の痛みが吹き飛ぶほどの恐怖に見舞われ、がちがちと歯の根が勝手に震えだした。

まもなく看護婦たちと身内らが全員引きあげ、病室に元の暗闇と静寂が戻る。

果たして、看護婦たちが忘れてしまったものか、ベッドとベッドを仕切るカーテンは、開け放たれたままだった。首を左へ向けると、ベッドの上で仰向《あおむ》けに眠る葡萄みたいにぼこぼこした顔が、視界の間近に飛びこんでくる。

身体を窓側へ向け、女の子に背中を見せる形で眠りに就こうと努めた。

だが、一度うとうとしていたのを起こされたうえ、自分のすぐそばにお化けみたいな女の子がいる状況では、とてもまともに眠ることなどできなかった。

そうして、びくびくした思いを抱えながらベッドの中に身を横たえ、しばらく時間が経った頃である。

物音ひとつ聞こえてこなかった隣のベッドから、呻《うめ》き声が聞こえてくるようになった。麻酔の効き目がきれて、痛みが出始めてきたのだと思う。

声は、「うぅぅぅ、うぅぅぅ、うぅぅぅぅぅん」という呻きを一サイクルにして数秒間を置き、再び同じ呻きが繰り返される。

女の子の声というよりは、老婆のそれに印象が近かった。

痛々しい呻き声はひっきりなしにあがり続け、そのうち意識もはっきりしてきたのか、一サイクルの間隔が少しずつ狭まり、さらに大きく耳障りなものへと変貌《へんぼう》していく。

そうして声がほとんど、叫びに近いほど大きくなってきた時だった。

「おがぁぁぁすあぁぁぁん！」

背後で「がさり」と布が擦れる音が聞こえたかと思うと、だしぬけにくぐもった声で、女の子がわけの分からない声をあげた。どうやら「お母さん」と叫んだらしい。

驚いて振り返ると、女の子がベッドから上体を起きあげたところだった。

両肩を怒らせ、ぜえぜえと荒い呼吸をあげるたび、顔じゅうに膨れあがる無数の瘤《こぶ》が、ぶるぶると葛餅《くずもち》みたいに揺れ動く。

続いて女の子は、ギプスで固まった両脚を上掛けから抜きだすと、躊躇《ためら》う気配もなく、つま先をベッドから床へとおろした。

まさか……嘘でしょう、と佐津子さんが目を瞠《みは》るなか、そのままシーツの上に両手を突きながらゆっくりと腰を持ちあげ、ベッドの脇へ立ちあがる。

とたんに女の子の口から、鼓膜が破裂するような凄《すさ》まじい悲鳴が吐きだされた。

冷たい床の上に屹立《きつりつ》した二本の脚はたちまちバランスを崩し、身体が前のめりに傾く。その弾みで右腕に刺されていた点滴のチューブがぴんと伸びて、ベッドの反対側にある点滴スタンドが、けたたましい金属音をがならせながら床の上へ倒れた。

女の子のほうもほとんど同時に顔から床へ転倒し、再び大きな悲鳴があがる。

「おがぁぁぁすあぁぁぁぁん！」

だが、それでも女の子は動きを止めなかった。

今度は腹這《はらば》いの姿勢で、か細い両腕をずりずりと交互に前へと迫《せ》りだし、金切り声を張りあげながら病室のドアへ向かって進んでいく。

そこへ騒ぎを聞きつけた看護婦たちが、雪崩《なだ》れこむようにして病室へ入ってきた。目の前の惨状を直視するなり、さすがの看護婦たちも血相を変え、床の上を這《は》い進む女の子をみんなで慌てて押さえつけた。

女の子は大声で泣き散らし、必死になって看護婦たちの腕を振り払おうとしていたが、大怪我をしている子供の力でまともに太刀打ちできるはずもなかった。まもなく両脇を抱えあげられ、ベッドの上に戻されてしまう。

それからすぐに他の看護婦がストレッチャーを持ってきて、女の子は再びベッドからストレッチャーに移され、病室の外へ運びだされていった。看護婦たちが交わしていた話の断片から察するに、どうやらもう一度、痛めた両脚の処置をするらしかった。

予想もつかないとんでもない光景を見せつけられたせいで、心臓はばくばくと早鐘を打ち鳴らしていたが、心のほうは疲弊しきって、すでに限界を迎えていたのだろう。

暗く染まった病室が再びしんと静まり返ると、佐津子さんは半ば失神するようにして、ようやく眠りに就くことができた。

翌朝、検温のため、看護婦に起こされた時には、隣のベッドにあの女の子が寝ていた。

よほど深く寝入っていたのか、いつのまに戻ってきたのかまったく気づかなかったが、やはりこの病室に入院するのだと思うと、朝から気分が暗く沈んだ。

朝食後、用を足すため病室を出た時、部屋の表に掛けられてある名札差しを見てみた。けれどもそこには自分の名札があるだけで、彼女の名札はなかった。

裕福な家のようだし、みだりに素性を知られたくないのだろうかと勘ぐってしまう。

再度の処置でまたぞろ麻酔を使われたものか、彼女は午前の間、身じろぎひとつせず、昏々《こんこん》と寝入っていた。ようやく目覚めたのは、昼過ぎに身内が見舞いに来た時だった。

身内と言ってもやって来たのは、昨夜の綺麗《きれい》な顔立ちをした母親らしき女性ではなく、使用人とおぼしき、白髪交じりの女性ひとりだった。

女性は到着するなり、鞄《かばん》と風呂敷《ふろしき》に包んで持ってきた女の子の着替えや日用品などを、ベッドの脇にある小物入れや収納棚に次々と手際よく詰めこんでいく。

そうしているうちに彼女の気配に気づいたのか、女の子がゆったりと目を覚ました。

女性は目覚めたばかりの女の子に笑いかけ、容態や気分のことを尋ね始めた。

それに対して彼女も逐一答えを返すのだけれど、その声はまるで、淀《よど》んだ水の中から発せられているかのようにもごもごとくぐもっていて、うまく聞き取ることができない。唯一、容易に聞き取れたのは、昨夜も聞いた「おがあさん」という言葉だけだった。

一方、女性のほうからは「イヨコさん」という名前が何度も出たので、彼女の名前がイヨコだということが分かった。

本を読むふりをしながら横目で彼女の姿を見ていると、両の手首にゴム製とおぼしき輪が嵌《は》められているのに気がついた。輪からは、黒いコードのようなものが伸びていて、ベッドの頭側にある鉄柵《てっさく》に架せられた、もうひとつの輪とつながっている。

一目しただけで、逃亡を防ぐための手錠なのだと分かった。

普通の感覚で考えれば、けだものに科すようなかわいそうな仕打ちなのだろうけれど、昨夜の凄惨《せいさん》な一幕を目撃した身としては、仕方ない措置だろうと思えた。

それから少しすると、佐津子さんの母がやってきた。

予想していたとおり、母もイヨコの顔を見るなり、ぎょっとなって身を強張《こわば》らせた。

談話室に移動して昨夜の一部始終を話すと、母もずいぶん驚いた様子だった。

歪に膨らんだ顔については、病気なのか生まれつきなのか、判断がつかないという。

「部屋を替えてもらえないかな？」と懇願し、母から病院に尋ねてもらったのだけれど、個室を含め、他の病室は全て埋まっているとのことだった。

病室ではなるべく女の子の怖い顔を見ないようにするため、彼女のほうに背中を向け、じわじわと疼《うず》く左肩の痛みに耐えつつ、静かに時間を過ごした。

背後からも時折、痛みに喘《あえ》ぐイヨコの声が聞こえてきたが、それだけだった。

向こうから声を掛けられるようなこともなく、時間は粛々と過ぎていった。

その夜の消灯時は、自分でベッドの周りのカーテンを端までぴたりと閉めきった。

イヨコの姿はベージュ色のカーテンに遮られ、影すらすっかり見えなくなる。

就寝前に肩の痛みが一段とひどくなり、看護婦にもらった鎮痛剤を飲んだ。

その副作用もあったのか、病室の電気が消えると、眠りはすぐに訪れた。

意識が眠りから一気に引き戻されたのは真夜中過ぎ、病室内に突如木霊《こだま》した金属音と身の毛もよだつような叫び声に、鼓膜をまともに突き刺されたからだった。

はっとなって起きあがると、カーテンを隔てた隣からイヨコの悲鳴が聞こえてくる。

声はベッドの上からではなく、ベッドの脇の床の上から聞こえてきた。

果たしてどんな手を使ったものか、件《くだん》の手錠を見事に外しおおせたようだった。

「おがぁぁぁすあぁぁぁん！」

昨夜と同じく、悲鳴に混じって母を呼ぶ声も聞こえてきた。

消灯まで一度も騒ぐことなどなかったのに、夜の闇と静寂に耐えられなくなったのか、イヨコは憐憫《れんびん》を誘う淀んだ声音で、盛んに母を求めていた。

まもなく看護婦たちがやってきて、カーテンを隔てて彼女の身体を押さえつけ始める気配を感じた。結果は昨夜と変わらず、イヨコは必死の抵抗も虚《むな》しく拘束され、そのままストレッチャーに乗せられて病室を出ていった。

翌朝目覚めると、今度は隣のベッドにイヨコの姿はなかった。

朝食を食べ終えても、彼女が戻ってくる気配はない。

それからしばらくして、彼女の代わりに昨日の女性が病室にやってきた。

白髪交じりの女性はどことなく憔悴《しょうすい》したような色を浮かべ、昨日、イヨコのために持参した着替えや日用品のたぐいを手際よく片づけると、足早に病室を出ていった。

彼女に何があったのかどうしても気になり、入れ替わりで病室にやってきた看護婦にそれとなく事情を尋ねてみる。

転院することになったのだという。

さすがにくわしい事情までは聞かせてくれなかったが、もっともらしい事情であれば、いくつか容易に想像はついた。

病院側でイヨコの存在を持て余したか、もしくはお金持ちの実家が世間体を気にして、個室が空いている病院を探しだしたか。あるいはその両方だろうと佐津子さんは思った。

思いもかけずイヨコが転院したことで、今日から再び、この大部屋で独りきりになる。最初の夜は怖くて心細いと思っていたけれど、二晩続けてこの世の地獄のような光景を見せられたあとでは、むしろひとりで夜を過ごせることがありがたいと思えた。

事情を知ると、張りつめていた緊張の糸がほぐれて、ようやく気持ちに余裕ができた。売店に行って何か買ってこようと思い、ベッドから抜けだす。

病室の出入口に向かって歩いていくと、イヨコが寝ていたベッドの下に何かが転がり落ちているのが目に入った。見れば黄色い菊の花を象《かたど》った、ブローチか帯留めらしい。ちょうど、子供の手のひらに収まるほどの大きさで、材質はおそらく珊瑚《さんご》だと思う。三つに並んだ黄色い糸菊が、細い花びらの一枚一枚に至るまで、緻密《ちみつ》な透かし彫りで表現され、とても綺麗で上品なのだけれど、同時にかわいらしい印象も感じさせる。子供の目にも高価な物だとすぐに分かるし、見舞いに訪ねてきた使用人らしき女性の物ではないと思う。ならば、あの娘の物なのだろうか。

先刻、慌ただしく荷物をしまいこむ際に、うっかり落として忘れていったのだと思う。つかのま、どうしようかと思い悩んだのだが、小さな菊の飾り物は、見れば見るほど綺麗でかわいらしく、しだいに欲しくて堪《たま》らなくなってきた。

折しも病室には自分以外、誰もいない。だから手に入れるのは簡単だった。自分のベッドの脇に備えつけられた物入れの引き出しの奥にそっとそれを忍ばせると、佐津子さんは何食わぬ顔をして売店へ向かった。

その日の昼頃、病室に看護婦たちが訪れ、イヨコのベッドの周りを頻《しき》りに探り始めた。何を探しているのかは百も承知なので、心臓がどきどきと高鳴ったが、今さら探し物を差しだす勇気もなかった。

看護婦のひとりから、隣の患者が退院時に大事な物を忘れていったらしいと聞かされ、どこかで見かけなかったかと尋ねられたが、これにもどきどきしながら口を噤《つぐ》んだ。

そして入院から三日目。今度こそ本当に、独りきりで過ごす夜がやってきた。消灯時にカーテンを閉めようか迷ったのだけれど、病室の雰囲気に慣れたせいもあり、開けっ放しで寝ることにした。

肩の痛みも昨日よりいくらかやわらぎ、この夜は鎮痛剤をもらうこともなかった。

イヨコがいなくなったことで要らざる緊張感を抱えることもなくなり、今夜は朝までぐっすり眠ることができそうだった。

看護婦が病室に来ないのを確認し、ベッドの脇に置かれた床頭台の引き出しの奥からちり紙で厳重に包んだ黄色い菊の飾りを、そっと手のひらに取りだす。無数の細い花びらが、しだれ花火のように重なり合って垂れかかる様を繊細に表した菊の様子は、見れば見るほど綺麗でかわいらしく、ますます手放したくなってくる。退院してからも秘密の宝物として、大事にしようと思った。

そうして充足した心地で眠りに落ち、どれだけ時間が経った頃だろうか。

ふと、妙な気配を感じて、佐津子さんは目を覚ました。寝ぼけまなこを擦《こす》りつつ、仰向《あおむ》けに寝た姿勢のまま、暗闇に包まれた病室内へ視線を向けると、隣のベッドの上に小さな人影が両脚を伸ばして座っているのが見えた。たちまちぎょっとなって身を起こそうとしたのだけれど、身体は石のように固まってぴくりとも動かすことができない。おまけに声すら出なかった。

胸の内側で心臓が激しく早鐘を打ちだすのを感じながら、為《な》す術《すべ》もなくベッドの上の人影に視線を凝らしていると、まもなく闇に目が慣れ、姿がはっきり見えてきた。

やはりイヨコだった。

昨夜までと同じ病院着姿で、ギプスの巻かれた両脚を伸ばして座っている。

こちらが正体に気づくと同時に、イヨコもくるりとこちらへ首を向けた。

瘤《こぶ》だらけになって膨れあがった葡萄《ぶどう》みたいな顔面が、暗闇の中でふるふると揺れ動く。

イヨコはこちらへまっすぐ顔を向けたまま、ギプスの巻かれた両脚をベッドの縁《へり》へとぎこちなくおろし、壊れた機械のような動きでぎしぎしと全身を小刻みに震わせながら、冷たい床の上へ立ちあがった。

「返して」

淀んだ声を小さく呟《つぶや》かせながら、真っ白に固まった両脚を交互に踏みだし、イヨコがこちらへ向かって近づいてくる。

「返して」

互いのベッドの距離は、二メートルもない。ふらふらとしたおぼつかない足取りでも、こちらの枕元まで瞬く間に到達してしまう。

枕元に屹立《きつりつ》してこちらを見おろすイヨコの顔がゆっくりとさがり始め、佐津子さんの眼前へと接近してくる。まるで、お岩さんのようにぶくりと膨れあがった目蓋《まぶた》の奥からかすかに覗《のぞ》くつぶらな目には、涙がたっぷり浮かびあがっているのが見て取れた。

「返して」

互いの鼻先がくっつき合うほどイヨコの顔が間近へ迫り、涙でくぐもった悲愴《ひそう》な声を耳元で聞いた直後、佐津子さんはくらりとなって意識を失った。

翌朝、意識が戻ると同時に、歯の根をがちがち震わせながら床頭台の引き出しを開け、奥からちり紙の包みを取りだした。

ところが中を開いてみると、綺麗《きれい》な菊の飾りは影も形もなくなっていた。

あの娘が取り返していったのだろうとすぐに分かり、再び全身に激しい震えが生じた。同時に、自分が犯した罪の重さも身に染みて分かり、ひどい後悔と自己嫌悪に苛《さいな》まれた。謝罪すべき相手も姿を消した暗い病室で、佐津子さんはその後しばらく涙が涸れるまで、独りで声を潜めて目蓋《まぶた》を泣き腫《は》らすことになった。

当時からもう、六十年以上の月日が経つが、イヨコと呼ばれていたあの女の子の顔は、未《いま》だに脳裏に焼きついて離れないという。

結局、あの娘がどこの何者だったのかは今でも不明なままだし、どんな手段を使って自分の手から、菊の飾りを取り戻していったのかも分からずじまいとのことだった。

ただ、少女時代に体験した極めて特異な体験として、この歳になっても佐津子さんの頭の中には、当時の記憶が生々しく残り続けているのだそうである。

姫だるま【電話取材　二〇一六年一月九日　土曜日】

上半期の大半を、怪談取材という奇特な取り組みと新しく始めたアルバイトに費やし、あっというまに終わった二〇一五年。

新しい年を迎え、今年はどんな話が聞けるのかと期待していた矢先、佐津子さんから次の取材相手を紹介してくれる連絡が入った。

彼女の親戚《しんせき》で、尾賀《おが》さんという六十代の男性である。尾賀さんは、埼玉県と茨城県の県境に暮らしていることもあり、電話取材での対応となった。

尾賀さんと彼の奥さんが、十年ほど前に体験した話だという。

ある日の休日、尾賀さんは隣町にあるリサイクルショップへ出かけた。

店内を物色していると、古びた姫だるまが捨て値同然で売られているのが目に入った。

全長二十センチほどで、ずんぐりと丸みを帯びた体軀《たいく》に金の刺繍《ししゅう》が入った赤い衣を纏《まと》い、白い女の顔をしただるまである。

尾賀さんの自宅には、同じ作りで男の顔をしただるまがあった。

もうだいぶ昔に夫婦で地方旅行へ出かけた際、民芸品店で購入したものである。

男女のペアで売られていたものを買ったのだけれど、月日が経つうちにいつのまにか女のだるまは行方知れずとなってしまい、今では男のだるましか残っていない。寝室に使っている奥座敷の自在棚に一体だけぽつりと突っ立つだるまの姿は、前から見ていて収まりが悪いと思っていた。

店の棚に並ぶ女だるまは、サイズも顔つきも自家のだるまと釣り合っていると思った。それなりに年季を重ねて少々薄汚れてはいたものの、値段が決め手となって買い求めた。

帰宅してさっそく男だるまの隣へ並べてみたところ、予想していたとおり、サイズも雰囲気もぴったりだった。

男だるまに「よかったな」と笑いかけ、いい買い物ができたと喜んだ。

それから数日経った深夜のこと。

寝室で休んでいた尾賀さんは、奇妙な声で目を覚ました。

「……しょうよ」「……するか」「そうそう……」「がよいか……」

橙色《だいだいいろ》の豆球に薄く照らされた暗闇の中、さわさわと下草が風に揺られて擦れるような乾いた小声で、誰かと誰かが頻《しき》りに言葉を交わしていた。

隣に敷かれた布団では、妻が静かに寝息を立てている。

では、この声は誰が発しているのかと思い、周囲に視線をそっと泳がせる。

まもなく声の主が判明するなり、尾賀さんは布団の中で凍りついた。

「……てしまい」「……うむ」「どういう……」「をふさい……」

枕元の斜め上に見える自在棚の上で男女の姫だるまが顔を向け合い、囁《ささや》き合っていた。就寝前には二体とも真正面を向いていたはずなのに、今はどちらも身体を斜めに向け、互いに頬を擦り合わせるようにして、静かな声で何やら言葉を交わしている。

仰天しながらも耳をそばだて、じっと声に聞き入っているうちに、やがて人形たちが何を話しているのか分かった。とたんに顔からみるみる血の気が引いていく。

「ねえ、やってしまいましょうよ」

「うむ。ならばやってしまうとするか」

「そうそう。どういうふうにやりましょうか」

「双方、息を塞《ふさ》いでやってしまうがよし」

堪《たま》らず「うおっ！」と声をあげるなり、だるまたちは棚の上でぽんと短く跳ねあがり、こちらへ再び身体を向け直した。すかさず起きあがって電気をつけると、だるまたちは涼しい顔で空を見つめ、かたりとも動くそぶりを見せない。

騒ぎに驚いて目を覚ました妻に事情を説明したところ、「夢でも見たんでしょう」と言われたものの、とてもこのままにしておくことはできなかった。

台所から持ってきたゴミ袋にだるまたちを恐る恐る詰めこむと、すぐさま近所の川へ投げ捨ててきたそうである。

出る部屋【対面取材　二〇一六年一月二十一日　木曜日】

尾賀さんから引き続き、甥《おい》の中塩《なかしお》さんからも話を聞かせてもらうことができた。

中塩さんは、都内で観光バスの運転手をしている。

ゆえに地方の旅館やホテルに泊まる機会も多い。

六年前のことだという。中塩さんは仕事で、中越地方の観光ツアーに出かけた。

夕方になって初日のツアーが終わり、宿泊先のホテルへツアー客を連れていく。

チェックインの手続きは全て、添乗員が済ませてくれたのだが、ほどなく戻ってきた彼女の話では、予約の際にホテル側で手違いがあったらしく、どうしても部屋がひとつ足りないのだという。

ただし、足りないのはあくまでも「普通の部屋」だけで、その他の部屋でもよければ、どうにか泊まれるとのことだった。

「その他の部屋」とは要するに、過去に自殺か何かがあって、幽霊が出るとされている部屋のことである。この業界に勤めていると、ざらに聞く話だった。

添乗員は、「予約は自分の担当なので、わたしがそこに泊まります」と言ったのだが、それはあまりにかわいそうだろうと思った。

彼女が責任を取ろうとするのをうっちゃって、代わりに自分が泊まることにする。

さっそくフロントでキーを受け取り、問題の客室へ行ってみると、シングルタイプのなんということはない部屋だった。

部屋はホテルの六階、両隣を他の客室に挟まれて位置し、過去に何があったにしてもそんな形跡など、かけらも窺《うかが》い知ることができない。

どうということはなかろうと断定し、ホテルのレストランへ夕飯を食べに向かった。

その後、ラウンジで添乗員と翌日の打ち合わせを済ませ、再び部屋に戻ってきたのは、夜の九時過ぎだった。翌朝もそれなりに早いため、部屋に戻ってすぐにシャワーを浴び、寝巻に着替えてベッドに入る。

眠気はたちまち訪れ、中塩さんは深い眠りの中へと落ちていった。

それから五時間近く経った深夜三時頃、中塩さんはのどの渇きを覚えて目を覚ました。

ベッドから抜けだし、冷蔵庫に入れておいたジュースを一気に飲み干す。

のどが渇いて夜中に目覚めるなど、珍しいことだった。ましてや旅先でこんなことは初めてである。なんだか妙な気分になった。

再びベッドに戻って寝ようとしたのだけれど、今度はなかなか寝付くことができない。なんだか妙に胸の辺りがざわめき、鼓動も勝手に速まっているようだった。不審に感じつつも、なんとか寝ようと思い、仰向《あおむ》けの姿勢で目を閉じ続ける。

と、そこへ突然、天井のほうからこちらへ向かって、ぶわりと風が吹きつけてきた。反射的に目を開くと、暗闇に包まれた天井から逆さまになった女が、笑みを浮かべて降ってくるところだった。

ぎょっとなってすかさず身を捩《よじ》り、ベッドから転がり落ちる。カーペット敷きの床へと諸《もろ》に身体を打ちつけ、苦痛に喘《あえ》ぐさなか、背後のベッドでは「ぼすり！」と鈍い音が聞こえてきた。再びはっとなってベッドのほうへ向き直る。

ところがベッドの上には、乱れた布団があるだけで、女の姿はどこにもなかった。部屋の電気をつけ、室内を隈《くま》なく調べても、やはり女は見つからなかった。

できれば、夢でも見たのだと思いたかったが、どう考えても夢とは割り切れなかった。その後は恐れと警戒心から、再び寝るのにかなりの時間を要することになってしまった。

翌朝、フロントのスタッフに、件《くだん》の部屋で過去に何があったのかを訊《き》いてみた。二年ほど前に若い女が部屋のガラスを破って、飛び降り自殺を図ったのだという。中塩さんが昨夜、部屋で見たのも若い女だったと思う。自殺があって以来、宿泊客らから「幽霊を見た」という苦情が出るようになったので、部屋の使用を取りやめたのだとも聞かされた。

この一件以降、中塩さんはいつ何時、こうした部屋に泊まることになってもよいよう、観光バスツアーの際には、かならず魔除《まよ》けの御守りを持つようになったそうである。

誰のもの？【対面取材 二〇一六年一月二十五日 月曜日】

中塩さんからの紹介は、同じバス会社で事務職を勤める、美緒《みお》さんという女性だった。

美緒さんが小学三年生の時の話だという。

ある日の放課後、自宅の居間でひとつ年上の兄から、戦いごっこの相手をさせられることになった。

美緒さんは嫌で仕方なかったのだが、兄はそんなことなどお構いなしに、嬉々《きき》とした様子で襲いかかってくる。

抵抗するにも力では敵《かな》わないので、美緒さんは居間の中を逃げ回るしかなかった。

兄はそのあとを追いながら、パンチやキックを浴びせようとしてくる。

しばらく逃げ回ったのだけれど、しだいに体力も尽きかけてしまい、走るのも大変になってきた。このままでは捕まると思った美緒さんは、廊下へ通じるガラス戸へ向かい、居間からの脱出を試みる。

ところがそこへ突然、兄が背後で大きく飛び跳ね、美緒さんの背にジャンプキックを浴びせようとしてきた。はっとなってすかさず真横へ飛び退いたのだが、兄のキックは代わりにガラス戸を直撃し、けたたましい音を響かせながら粉々に割れてしまう。

割れ散らばったガラスの上に兄は転がるように転倒し、美緒さんの身体にもガラスの破片が降りかかった。ふたりの口から揃って大きな悲鳴があがる。

そこへ、庭で花壇の手入れをしていた母が騒ぎを聞きつけ、居間へと駆けこんできた。

「大丈夫ッ？」

母に叫ばれ、身体を検《あらた》めてみたところ、兄も美緒さんも特に怪我などしていなかった。

ところが、ほっとしていたところへ、ふいに兄が「うあっ！」と叫び声をあげたので、母も美緒さんも驚いた。

「どうしたのッ？」と尋ねると、兄は床の上に割れ散らばったガラスの破片を指差して、

「あれ、誰のッ？」と叫んだ。

兄が指差すほうに視線を向けると、そこには指が転がっていた。

無数のガラスの破片に紛れて、ごつごつと骨張った長い指が一本、根元から千切れてごろりと床に転がっている。

真っ青になって美緒さんは自分の指を確認してみたが、指はきちんと全部ついていた。

兄の指でもなかったし、もちろん母の指でもなかった。

では、この指は一体誰のもの？　という話になってしまったのだけれど、母子三人でどれだけ首を捻《ひね》ろうと、結局指の主が誰であるかは、分からなかったそうである。

指は一応、母が警察に届けたのだが、その後はなんの連絡もこなかったという。

締めならず【対面取材　二〇一六年一月三十一日　日曜日】

さらに美緒さんの紹介で、高校時代の後輩・日葵《ひまり》さんの取材もすることができた。
日葵さんが高校二年生の夏休み、友人たちと地元の夏祭りに出かけた時のことである。祭りは神社の境内で朝から夜まで、一日じゅう催されるのだが、夜には近くの河川で花火も打ちあげられるため、日葵さんたちは日が暮れてから会場を訪れた。

参道の両脇に立ち並ぶ出店を冷やかしたり、花火を楽しんだりしているうちに時間はあっというまに過ぎていき、気づけば祭りが終わる夜の九時を迎えようとしていた。

「このあとどうしよう？」という話になったのだが、その辺を適当にうろついていれば、補導されてしまうだろう。誰かの家に行くとしても、時間が時間なので、親たちからはあまりいい顔はされないと思った。

あれこれ思案を巡らせながら歩いていたのだが、結局、何も妙案が浮かばないうちに鳥居をくぐって、境内を抜けだしてしまう。

「しゃーない。今夜はこのまま帰ろうか……」

日葵さんがそう言うと、友人のひとりが「あっ」と声をあげ、「ねえ、最後の締めにラーメン食べてくぐらいはいいんじゃない？」と言ってきた。

鳥居の横手から少し離れた先には、小さなラーメン屋台が赤い提灯《ちょうちん》をほんのり灯《とも》らせ、道端でまだ営業しているのが見える。

境内の出店であれこれ食べはしたものの、なんとなく小腹が減ってきたところだった。他の友人たちも「いいね！」と言うので、みんなで屋台へ向かって歩きだす。

ところが歩けど一向に、屋台との距離が縮まらない。

初めのうちは大して気にもしていなかったのだが、十分近く歩いてもまったく距離が縮まらないと分かった頃から、全員揃って異変に気づき始めた。

自分たちがあまり進んでいないのかと思い、背後を振り返ってみると、鳥居はすでにはるか遠くに輝く明かりの中で、かすかに見えるばかりに小さくなっている。

ならば、屋台のほうが離れていっているのだろうかと思ったのだけれど、先ほどからずっと、軒先に置かれた椅子やテーブルなどが動いた形跡は見られなかった。

それからさらに十分ほど、半ば意地になりかけ、屋台に向かって歩いていった。

けれどもやはり、屋台までの距離は一向に縮まらず、しだいに怖くもなってきたので、とうとう引き返すことになる。

その途中、背後を振り返ってみると、屋台はいつのまにか影も形もなくなっていた。

悲鳴をあげつつ鳥居の前まで戻ってくれば、そろそろ補導される時間が迫っていた。

今度は補導の恐怖に怯《おび》えながら、急いで家路に就いたのだという。

撃退は成功【対面取材 二〇一六年二月六日 土曜日】

日葵さんからの紹介も、学生時代の友人だった。

専門学校時代の同級生で、現在はデザイン会社に勤める優《ゆう》さんという女性である。

三年ほど前のことだという。

会社の飲み会に参加して終電を逃してしまった優さんは、仕方なくスマホで最寄りの宿泊先を調べ、手頃な値段のカプセルホテルに予約を取った。

翌日は休みだったため、大浴場の洗面所で手早く化粧を落とし、館内着に着替えると、あとは風呂《ふろ》にも入らず、割り当てられたカプセルユニットへ潜りこんだ。

そんなに呑《の》んではいなかったので、酔い自体はさしたるものでもなかったのだけれど、酒の酔いよりも日頃の仕事疲れのほうがひどく、布団に入るとすぐにうとうとし始めた。

そうして心地よい眠気に包まれながら、そろそろ眠りに落ちようとしていた時である。

突然、左の足首を誰かにぎゅっと摑《つか》まれた。

すぐさま意識が引き戻され、反射的に上半身が起きあがる。

勢い任せに両手で布団を取り払うと、足元には坊主頭の若い男の姿があった。

男は腹ばいの姿勢で優さんの左足首を片手で握り締め、こちらへ向かってにやにやと下卑た笑みを浮かべている。

背筋が凍りつくような激しい恐怖を感じた直後、それに続いて沸きあがってきたのは、恐怖をうっちゃるほどに強烈な怒りだった。

得体の知れない変態に足首を掴まれていることにも腹が立ったが、気持ちのよかった寝入りばなを台なしにされたことが、怒りにさらなる拍車をかけた。

「ふっざけんな！」

怒鳴りつけるなり、男の顔面に右足の裏をスタンプする要領で思いっきり蹴《け》りつける。男の顔はカプセルの外へ盛大に吹っ飛んでいき、左足首を掴んでいた手も離れていった。

ざまあみろ。

見事な撃退に溜飲《りゅういん》をさげようとした、まさにその時だった。

ふいに妙な違和感を覚え、続いてとんでもない矛盾に気づいて愕然《がくぜん》となる。

カプセルの出入口は、分厚いロールブラインドが閉めきられたままになっている。

男が中に忍びこむにしても、中から蹴られて吹き飛ばされるにしても、そのためには、カプセルの出入口でブラインドを固定しているフックを絶対に外さなければならない。

しかし、フックは完全に固定された状態になっていた。

呆然《ぼうぜん》となりながら閉めきられたブラインドを見ていると、先ほどまでの光景が脳裏に再び蘇《よみがえ》り、またぞろ異様な矛盾点に気がついてしまう。

男が腹ばいの姿勢で優さんの足首を摑んでいた時、カプセル内に入りこんでいたのは、男の上半身だけだった。その体勢から考えると、下半身はカプセルの外にあるはずだが、この時にもブラインドは閉めきられたままになっていた。

つまり、男の上半身はブラインドを突き抜け、中に入ってきていたということになる。

さらには優さんが男を蹴りつけた時にも、男は閉めきられたブラインドを突き抜けて、カプセルの外へ吹っ飛んでいる。

どう考えても道理に合わないことだし、生身の人間にできることでもなかった。

嘘でしょう……と思いながらも、恐る恐るブラインドをあげて外の様子を見てみる。

蹴りつけてからまだ、十秒も経っていないはずなのに、男の姿はどこにもなかった。

のみならず、男が逃げる足音さえもまったく聞こえてこなかった。

ここでようやく優さんは、自分が何に襲われたのかを理解する。

その後はラウンジに移動して時間を潰《つぶ》し、始発が出る頃にチェックアウトしてきた。

ホテルは外観も内装もなんの変哲もない、ごくごく普通の構えだったそうである。

肩車【対面取材　二〇一六年二月十一日　木曜日】

「なんか変な話でごめんなさいね。改めて話すと馬鹿みたいですよねえ……」

話を終えたあと、はにかみ気味な苦笑を浮かべつつ、ばつが悪そうに優さんが言った。

「で、話しているうちに思いだしたんですけど、そういえばあたしの体験なんかよりも、はるかに怖い体験をしている娘《こ》がいるんです。よければ紹介しましょうか？」

優さんの申し出に、裕木はありがたく甘えることにした。

その翌週、裕木は次の取材相手の指定で、新宿駅の近くにあるカラオケ店へ向かった。

店の前で落ち合ったのは、優さんの仕事の後輩に当たる、柊和《ひより》さんという女性である。

話をさせてもらうに際して、できれば「物証」として見てもらいたいものもあるので、人目につかないカラオケ店の個室を取材場所に指定したとのことだった。

「今日はお手間をかけてしまってすみません。でも、この話を聞いていただくからには、きちんと証拠のようなものまで見ていただかないと、なんだか落ち着かなくて……」

店内の個室で何度も丁重に頭をさげたあと、柊和さんは自身の体験を語り始めた。

今から十年ほど前、柊和さんが大学生だった時のことである。

真夏の夜に友人たちと神奈川方面へドライブがてら、肝試しをすることになった。

運転手を務める友人の男性が、少し前に山間の地域で気味の悪い廃屋を見つけたので、そこをゴール地点に肝試しをして帰ってこようという流れだった。

時間をかけてだらだらドライブしたため、現地に到着したのは、深夜の二時を回る頃。友人が見つけたという廃屋は、県道から延びる細い脇道をぐんぐん進んだ森の中にある、古びた二階建ての木造家屋だった。

友人の話では、別に心霊スポットなどではないのだろうけど、人が住んでいないのは確認済みだし、周りに人家もないから肝試しにはうってつけだろうとのことだった。

廃屋の前に車を停め、車外へ降り立つと、各々準備していた懐中電灯の明かりを灯《とも》し、一同緊張しつつも、ぼろぼろに荒れ果てた廃屋の玄関へと向かって歩きだす。

柊和さんは元々、怖がりな性分だったので、まったく気乗りはしなかったのだけれど、付き合いだからと我慢して、友人たちの背を追った。

と、そこへふいに、両の太腿《ふともも》を誰かにぎゅっと摑まれる感触を覚えた。

「え？」と思って視線をおろした瞬間、両足が地面から離れ、柊和さんの身体が暗闇の宙にぶわりと浮きあがった。

「きゃっ！」と悲鳴をあげるなり、前方を歩いていた友人たちが振り返り、友人たちもたちまち揃って悲鳴をあげた。

「なんなのッ！　なんなのッ！　なんなのよおぉぉぉ！」

絶叫を絞りあげながら再び視線をおろすと、柊和さんの股《また》の間に、頭の禿《は》げあがった老人の顔が逆さまに挟まっていて、こちらを見あげながら笑っていた。

老人の両手は柊和さんの太腿をがっしりと摑み、肩車をされているのだと分かった。

さらに大きな悲鳴をあげて暴れると、まもなく太腿を締めつけていた感触が立ち消え、続いて柊和さんの身体が地面にずどんと放りだされた。

すぐさま辺りを見回してみたが、老人の姿はもうどこにもなく、代わりに友人たちがひどいパニックを起こして、柊和さんを車の中へ投げつけるような勢いで引き戻した。

帰りの道中、誰もが老人の姿を見たと言った。肩車をされた柊和さんが暴れ始めると、老人は地面の中へ沈むように消えたとも聞かされた。

誰もが「とんでもないとこに連れてきてくれたな！」と運転手の男性を責め続けた。

「その翌日、家に帰って目が覚めたら、こんなふうになってたんです」

伏し目がちに言いながら、柊和さんが穿《は》いていたスカートの裾《すそ》をたくしあげた。

左右の太腿のまんなかに、どす黒い痣《あざ》が何本もの線を描いて浮きあがっている。

「ちょうど、肩車をされた時の人の手形と同じなんですよ。あれから十年近く経っても消えません。これを見ていただければ私の話、本当だって信用していただけますか？」

悲しそうな顔で尋ねる柊和さんに裕木は震え声で、「はい」とうなずくしかなかった。

七五三の写真【対面取材　二〇一六年三月十三日　日曜日】

さらに柊和さんからの紹介で、従姉妹《いとこ》の智奈子《ちなこ》さんにも取材ができることになった。

智奈子さんも物証のような物を見てもらいたいので、対面での取材を希望するという。

「普通の幽霊みたいな話じゃないので、信じてもらえるかどうか分からないんですけど、まずは一から順を追って話してみますね」

豊島《としま》区内にある、大きな喫茶店の奥まった一角。

テーブルを挟んで座った智奈子さんは、少々自信のなさそうな様子で話を始めた。

彼女が小学一年生の秋。両親に連れられ、七五三のお参りに出かけた。

場所は、自宅から一時間ほどの距離にある都内の神社。

神前でのお祓《はら》いは滞りなく終わり、帰る間際に境内で写真を撮ることになった。

境内の一角には大きな鳥小屋があって、中では孔雀《くじゃく》が飼われていた。

せっかくなので孔雀も一緒に収めようということになり、智奈子さんは鳥小屋の前に立って写真を撮ってもらった。

　後日、撮影した写真が現像されて戻ってきたのだが、写真を見た家族一同は驚いた。鳥小屋の前に立つ智奈子さんの肩越しに、着物姿の見知らぬ女が写っていたのである。女は鳥小屋の中に突っ立ち、鉄格子の向こうからこちらに視線を向けている。

　山吹色の着物姿で、歳は四十代ぐらいだろうか。

　全身が煙のようにもやもやとぼやけているため、なかなか仔細《しさい》を確認しづらかったが、口元に薄く笑みを浮かべているのは見て取れた。

　写真を撮った父は、撮影時にこんな女はいなかったと言う。母も同じことを言った。

　智奈子さん自身も、鳥小屋の中にこんな女はいなかったと記憶している。

「それが、この写真なんです」

　そう言って彼女は、持参した封筒から写真を取りだし、テーブルの上へ置いた。

　もうかれこれ撮影から三十年ほどになるという写真は、全体が僅《わず》かに色褪《いろあ》せ、古びた印象を抱かせるが、印画紙に写っているものは鮮明に確認することができる。

　智奈子さんの言うとおり、晴れ着姿で鳥小屋の前に立つ幼い智奈子さんの肩越しには、山吹色の着物を着た得体の知れない女が突っ立っている。

　くっきりとした輪郭を帯びて写真に写る智奈子さんの姿に対して、女のほうは全身がもやもやとぼやけて若干輪郭が歪《ゆが》んでいる。特に顔の輪郭は、その様子が顕著だった。

「これ、絶対に心霊写真だって話になって、すぐに両親が霊能者に見てもらったんです。でも相談の結果は、わたしたちが想像していたものとは、ちょっと異質なものでした」

写真を鑑定した霊能者曰《いわ》く、写真に写る着物姿の女は、間違いなく本物の霊だという。そのうえできちんと写真のお祓いもしてくれた。

これで一安心だと思ったのだが、お祓いが終わると霊能者は写真を再び両親に返して、「家で大事に保管しておくように」と伝えた。

今度はお祓いされた女の霊を慰めるため、手厚く安置しておく必要があるのだという。

本音を言えばまったく気は進まなかったそうだが、曲がりなりにもプロの指示である。断るわけにもいかず、写真は仏壇の引き出しの中に保管しておくことにしたのだという。

その後は特に何が起こるでもなく、智奈子さんは成人して、二十代の中頃に結婚した。数年後には娘が生まれ、今年で小学三年生になるそうである。

二年前にその娘が、七歳の七五三を迎えた時のことだという。

娘と夫の三人で、自宅の近くにある神社へ七五三参りに出かけた。

お祓いが済んだあと、境内で記念写真を撮影しようということになり、夫が持参したデジカメで、振袖《ふりそで》姿の娘や智奈子さんの姿を一頻《ひとしき》り撮った。

ところが帰宅後、撮影した写真を確認したところ、みるみる血の気が引いていった。

智奈子さんと娘が並んで立って写る写真に、あの着物姿の女も写っていたからである。

姿は智奈子さんの背後に半分以上隠れていたが、着ている着物は山吹色。

煙のようにぼやけた顔の口元には、薄《う》っすらと笑みが浮かんでいるのが見て取れる。

一目するなり、かつて智奈子さんの七五三写真に写りこんだ、あの女だと分かった。

「一応、そっちの写真も現像して持ってきたんです。よければ見比べてみてください」

　智奈子さんが、封筒からさらにもう一枚、写真をだして見せた。

　裕木が見ても、二枚の写真に写った女は同一人物のように見える。

　それまでほとんど忘れかけていた写真の記憶が蘇《よみがえ》り、薄気味悪くなった智奈子さんも、ほどなくネットで調べた霊能者に写真を鑑定してもらった。

　ところが鑑定の結果は意外なことに、またもや同じものだった。

　写真は一応、お祓いめいたことをしてもらったのだけれど、それが終わると霊能者は、

「あとは自宅で大事に保管してください」と言ってきた。

　理由も以前の霊能師とまったく同じで、お祓いされた霊を慰めるためだという。

「これは一体、どんな霊なのですか？」と尋ねても、詳細までは分からないと返された。ただ、祓ったあとにはきちんと慰めないといけないような気がしてならないのだという。

　かくして智奈子さんの家にも、怪しい写真が安置されることになった。

　今のところ、変わったことは何も起きていないそうだが、万が一何かがあった際には霊能者の指示など無視して、即座に処分するつもりだという。

湖姫さん【対面取材　二〇一六年四月二日　土曜日】

喫茶店で智奈子さんの取材を終えた翌月、再び彼女から連絡が入った。

杏理《あんり》さんという、彼女の古くからの友人が話を聞かせてくれるのだという。

九〇年代の終わり頃、杏理さんが高校時代に体験した話である。

当時、杏理さんが在籍していたのは、中越地方の某県にある私立の女子高校だった。高校の近くには寮が完備され、他県から入学した生徒は、この寮で三年間を過ごして勉学に勤《いそ》しむ。部屋は一年生から二年生までは二人部屋。三年生になると、受験勉強に集中しやすいようにと、一人部屋が割り当てられる。

教育に厳しく、また躾《しつけ》にも厳しかった杏理さんの両親は、娘になるべく早めの自立を促すため、半ば強引に彼女をこの高校に入学させた。親元から離され、見知らぬ土地で始める新生活に、当初は不安がいっぱいだったと杏理さんは語る。

ただ、元々活発な性分だった彼女は、いざ入学すると、すぐに友達がたくさんできて寮生活にも早々と馴染《なじ》んでしまった。おかげで楽しい三年間だったそうである。

ただ、今でもたったひとつだけ、心に残って悔いていることもあるのだという。

杏理さんの同級生で、月峯湖《つきみねこ》姫《ひめ》さんという娘がいた。

湖姫さんは、とても綺《き》麗《れい》な女の子だった。

色白で、求肥《ぎゅうひ》のようにきめの細かい顔の肌に、すらりと伸びた黒い髪。

大きくつぶらな瞳《ひとみ》は若干色素が薄く、光が射すと鳶色《とびいろ》っぽい色に映ることもあった。

身長自体はそこそこあったのだけれど、手足が細く、華奢《きゃしゃ》な身体つきをしていたため、いかにも繊細そうな印象を抱かせる雰囲気があった。

実際、湖姫さんは繊細な娘だった。それも、度が過ぎるほどに繊細な娘だった。

いつでも物憂げな表情を浮かべて周囲の生徒たちから距離を置き、声をかけられるとおどおどした顔つきになって、しどろもどろな答えを返すのが精一杯。

彼女の容姿に惹《ひ》かれ、入学してまもない頃は、たくさんの同級生たちが変わる変わる誘いの声をかけていたのだが、反応が逐一不審なため、しばらくすると興味を示す者はほとんどいなくなってしまった。

杏理さんは一年生の時、湖姫さんと同じクラスだった。おまけに同じ寮生でもあった。聞けば湖姫さんも、東京からこの高校へ進学してきたとのことだった。

同郷出身を口実に一時は盛んに声をかけていたのだが、何を話しかけても当の本人はおどおどするばかりで会話が弾まず、仲良くなるのは難しそうだと早いうちに諦《あきら》めた。

彼女自身にも別段、友達が欲しそうなそぶりはなく、休み時間はもっぱら独りで本を読んでいたし、寮でも部屋に籠《こも》りがちで、ほとんど姿を見かけることがなかった。

どこにいても影の薄い娘《こ》だったけれど、誰かの迷惑になるようなこともなかったので、周囲もそういう娘なのだと割りきり、適度に距離を置いて付き合うようになっていった。

そうした状況が一変したのは、二学期におこなわれた学園祭でのことだった。学園祭二日目の後夜祭では、体育館で全校クラス対抗のど自慢大会がおこなわれた。全校三学年の各クラスから選ばれた生徒たちが、ステージで歌を披露するのである。

杏理さんのクラスでも、ホームルームの時間に代表出場者の募集がかけられたのだが、そんな恥ずかしいイベントの出場に名乗りをあげる者は誰もいなかった。

そこで仕方なく、代表は推薦で選ばれることになった。

クラスの全員に用紙が配られ、推薦したい者の名前を書いて投票箱に入れるのである。

その結果、圧倒的な得票数で選ばれたのは、湖姫さんだった。

彼女の歌声は、音楽の授業で何度か耳にしたことがある。普段のおどおどした調子と大して変わらぬ、いかにも弱々しくて頼りげのないものだった。どう贔屓目《ひいきめ》に考えてもクラスの代表に推薦されるような歌唱力ではない。

クラスメイトの多くが、面倒事を押しつける形で湖姫さんを推薦したのは明白だった。あるいは推薦しても怒らない相手として、彼女を選んだ者もいたかもしれない。

投票の結果に湖姫さんは、何度も「わたしは無理です」と固辞したのだが、みんなは「公平に決まったことだから」と譲らず、結局彼女が代表にされてしまった。

そうして後夜祭の日が訪れ、いよいよ全校クラス対抗のど自慢大会が始まった。歌う順番はあらかじめくじ引きで決められ、学年に関係なく、くじで決まった順から各クラスの代表者が体育館のステージに立ち、次々と自慢の歌声を披露していく。

湖姫さんはちょうど、全体のまんなかぐらいの順番だった。

やがて進行役を務める生徒の口から湖姫さんの名前が呼ばれ、これから披露する歌の曲名も紹介される。彼女が選んだ歌は、ディズニーの『星に願いを』だった。

体育館に作られた観客席から、杏理さんは彼女の出番をはらはらした心地で待った。

ステージの袖《そで》から出てきた湖姫さんは、遠目から見ても顔色が死人のように真っ青で、足取りもふらふらと、今にも倒れてしまいそうなほどおぼつかなかった。

その様子に周囲の観客席から、小さな笑い声の入り混じったどよめきがあがり始める。

湖姫さんの耳にも届いているのだろう。蒼《あお》ざめた顔がぎゅっと強《こわ》張り、薄く滲《にじ》んだ涙が頭上から降り注ぐライトの光を浴びて、目がきらきらと輝きだすのが見えた。

それでもどうにか、ステージ上に用意されたスタンドマイクの前に湖姫さんが立つと、スピーカーから大音響で『星に願いを』のイントロが流れ始めた。湖姫さんはつかのま静かに目を閉じ、すっと息を吸いこんで歌の出だしに備えた。

だが、いざ始まった彼女の歌は、声音が震えきっているうえにすっかり上擦っていて、とても歌と呼べる代物ではなかった。

キーはことごとく外れ、起伏の激しい不安定な節に混じって、しゃっくりによく似た甲高い息継ぎ音と、嗚咽《おえつ》のような湿っぽい吐息も歌の端々に差し挟まれる。

それは以前、音楽の授業で聴いた声とはまったく違う、極度の緊張と動揺から生じる、あまりにも歪《いびつ》で異様な歌声だった。

湖姫さん自身も、己の歌声のひどさには気がついているらしく、大きな両目を頻《しき》りに左右へ泳がせながら、なんとか必死で調子を整えようとしているようだった。

けれども、彼女のそうした努力を知ってか知らずか、観客席から湧き起こる笑い声はますます数を増やして大きくなっていく。笑い声が拡大していくと、単に笑うだけでは飽きたらず、ステージへ向かって心ない野次を浴びせる者まで出てくる始末だった。

それでも湖姫さんは懸命に声を絞りだし、最後まで唄《うた》いきろうとしているようだった。

ただ、一度壊れてしまった歌声は、今さらどう足掻《あが》いても直すことはできないようで、歌が進めば進むほど、彼女の顔には焦りと絶望を帯びた、混迷の色が濃くなっていった。

そしてまもなく、さらなるとんでもない事態が起きてしまう。

すっかり混乱しきった表情で、両目をぱちぱちさせながら唄っていた湖姫さんが突然、ぐっと息を呑《の》みこんだかと思うと、次の瞬間、口から大量の反吐《へど》を噴きだした。

それは初め、蜘蛛《くも》の巣状の飛沫《ひまつ》となって、彼女の顔の前でぶわりと大きく飛び散った。

続いて、がくりと水平に項垂《うなだ》れた首の動きに合わせ、今度は滝のような凄《すさ》まじい勢いで黄土色をした反吐がびしゃびしゃと大きな音をたてながら、床へと一気に吐きだされる。

笑い声はたちまち鋭い悲鳴へ切り替わり、体育館じゅうが騒然とした空気に包まれた。

湖姫さんは胃の腑《ふ》の中身をあらかたぶちまけると、その場に崩れるようにへたりこみ、呆然《ぼうぜん》とした眼差《まなざ》しをステージの床に向けながら、ぼろぼろと大粒の涙をこぼし始めた。

血相を変えた先生たちがステージへ駆け上がり、彼女を体育館の外へ連れだしていく。

先生たちに両肩を担ぎあげられた湖姫さんは、魂が抜け落ちたかのような力ない様子でほとんど引きずられるようにして、みんなの前から静かに姿を消していった。

そうして後夜祭の後片づけまですっかり終わった、夕暮れ時のこと。

教室で帰り支度をしていると、湖姫さんが保健室で休んでいることを聞きつけてきたクラスメイトの何人かが、「謝りにいこうよ」と言いだした。

杏理さんもいたたまれない気持ちだったので、一緒に謝りにいくことにした。

幸い、保健室のベッドで横たわる湖姫さんに頭をさげると、彼女は未《いま》だ真っ青な顔に戸惑いがちな色を浮かべながらも、「うん、気にしてない」と応《こた》えてくれた。

あんなにひどい目に遭ったというのに、心根の優しい娘なんだなと杏理さんは思った。

単におどおどしているだけの娘ではないのだと、認識を改める。

悲惨な一幕だったけれど、これをきっかけに友達のひとりでもできればいいと思った。

少なくとも、謝罪に訪れた娘たちにはその気がありそうな様子を感じて期待が持てた。

ところが杏理さんの願いと予想に反し、事態はその後、思わぬほうへと進んでいった。

後夜祭が終わって、数日経った頃からである。

同じクラスの綾《あや》という生徒が、湖姫さんを「ゲロ姫」と呼んでからかうようになった。

綾も他県から入学してきた生徒で、同じ屋根の下に暮らす寮生だった。

自《おの》ずと顔を合わせる機会も多かったのだが、杏理さんは意図して距離を置いていた。

綾は入学した頃から素行の悪さが目立ち、似たような柄の悪い仲間たちとつるんでは、周囲に恫喝《どうかつ》と暴力の影をちらつかせ、学年じゅうで好き放題に振る舞っていた。

報復を恐れ、綾たちに意見したり、逆らったりできる者はクラスに誰もいなかった。

かくして哀れな湖姫さんは、誰からの庇《かば》いだてもないまま、なおかつ無抵抗の状態で、ほぼ連日のごとく綾たちから「ゲロ姫」と呼ばれ、詰《なじ》られ続けた。

やがて半月ほどが経つ頃には、事態はさらに悲惨な様相を呈していった。

綾が名付けたこの蔑称《べっしょう》を、他のクラスメイトたちも使い始めるようになったのである。

面と向かって呼ぶ者は少なかったが、代わりに陰で面白おかしく囁《ささや》き合っては、彼女を下卑た物笑いの種とした。

悲惨な渾名《あだな》は、やがて他のクラスの生徒や上級生たちにまで広まり、気がつく頃には校内で彼女を本名で呼ぶ者より、「ゲロ姫」と呼ぶ者のほうが多くなっていた。

後夜祭の悲惨な一幕から最悪の有名人となってしまった湖姫さんは、悲愴《ひそう》な面持ちで屈辱的な呼び名に耐え忍びながら、肩身の狭い日々を送るようになっていった。

そうして一年目の高校生活が終わり、杏理さんが二年生に進級した年のことである。

そろそろ一学期の終わりも近づき始めた、真夏のひどく蒸し暑い夜のことだった。

午後の八時半過ぎ、同室の友人とふたり、就寝前の準備をしようとしていたところへ、ふいにドアがノックされた。

出ると、ドアの前には綾と取り巻きたちがずらりと並んで、妙な笑みを浮かべている。

「ねえ、今夜さ、寮母のババアがいないって知ってる？」

「知らない。なんなの？」

綾の話では、先ほど急に寮母の家で不幸があったらしく、今夜は三年生のまとめ役が、代わりに寮全体の管理をするとのことだった。

「だから今夜はフリーなんだよね。せっかくだから、みんなで怪談会やろってなってさ。あんたたちも誘いに来たわけ。こういうのは大勢のほうが楽しいっしょ？　参加しなよ。これ逃したらもう、夜遊びなんかいつできるか分かんないしさ」

いかにも親しげな調子で綾は誘ってきたが、それはあくまで上っ面だけのものである。

実際は言葉の端々に脅しの香りを滲ませた、強制的な参加命令だった。

おそらく他の部屋の娘たちも誘って、全員を共犯者に仕立てようとしているのだろう。

つくづく最低な奴だと思ったが、体よく断りきれる巧《うま》い返事も思いつかなかった。

同室の友人とふたり、不承不承ながらも参加することになる。

綾が怪談会の会場に選んだのは、寮から少し離れた裏手にある、俗に旧館と呼ばれる二階建ての廃屋だった。その名のとおり、以前は寮として使われていたのだが、現在の新しい寮が完成してからは、主に物置として使われていた。

周囲が深い雑木林に囲まれているせいもあり、昼でもなお薄暗い旧館周辺の雰囲気は、綾曰《いわ》く「絶好の怪談ライブスポット」とのことだった。

寮が消灯時間を迎えた、午後の九時過ぎ。旧館前にぞろぞろと集まってきた顔ぶれは、最終的に二十人近い人数になった。

二年の寮生以外に一年の寮生らも何人か交じっていたし、綾の取り巻きたちを代表に、通学生の娘《こ》たちも数人ほど、何食わぬ顔をして参加メンバーの中に紛れこんでいる。

その大所帯の中には、湖姫さんの姿もあった。

彼女も綾に強制参加させられたのは明白だった。いかにも気疎そうな顔をうつむかせ、みんなから少し離れた場所に独りでぽつんと佇《たたず》んでいる。

果たして、どんな手段を使って手に入れたものか。綾がポケットから取りだした鍵《かぎ》で玄関戸を開け、参加者たちを中へと導く。

各自、参加に当たっては懐中電灯やランタンなど、明かりになるものを持参するよう言われていた。みんなで手にした光を翳《かざ》しながら中へ入ると、内部を黒々と染めていた濃い闇は立ちどころに希釈され、昼のような眩《まばゆ》さに照らされた。

旧館内を一頻《ひとしき》り歩いた末、綾がここぞと選んだのは、一階の奥側にある休憩室だった。

食堂の隣に面した二十畳ほどの畳部屋で、壁際の一角に長机や段ボール箱がいくつか積みあげられている以外は何もなく、広々と使うことができそうである。

持ち寄ったランタンを部屋の中央にまとめて置き、その周りにみんなで車座になって腰をおろす。部屋全体は薄明るくなったけれど、外は蒸し暑いというのに、漂う空気はやたらとひんやりしていて黴臭《かびくさ》く、怪談話を語らうのにお誂《あつら》え向きの雰囲気だった。

「どう、なかなかな感じっしょ？　そしたら誰から話してく？　マジでゾッとくるやつ、大歓迎なんだけど」

車座の中にいた綾が嬉々《きき》としたそぶりで立ちあがり、みんなに向かって水を向ける。

かくして、古びて今は使われなくなった旧館を舞台に、学生たちによる波乱に満ちた怪談会の幕が、静かに切って落とされた。

※　※

以下の記録はこの晩、怪談会で語られた話を裕木が杏理さんの記憶を頼りに聞きだし、彼女の思いだせる範囲でまとめあげたものである。

頁数などの都合上、全話の詳細までは再現できず、概要のみの紹介となってしまうし、話の本筋とも直接関係ないものではあるのだが、これらも資料としては貴重なものゆえ、当夜の空気感を補強するという意味でも、ここに短縮版を掲載する次第である。

■中学の頃、先輩から聞いた話。夜道を自転車で走っている時、何かが顔の前をさっと掠《かす》めていくことがあるが、それは目の前を霊が通っていった感触なのだという。

（一年・寮生　アカネ）

■二年ほど前、地元の神社の御神木から呪いの藁人形《わらにんぎょう》が見つかった。藁人形の胴体には、神社の娘の名前が記されていたのだが、まもなく娘は本当に死んでしまったという。

（二年・通学生　ナオミ）

■実家の近所を走る幹線道路に女の幽霊が出る。雨も降っていないのに全身ずぶ濡《ぬ》れで、夜の沿道にぽつんと佇んでいる。女は走ってくる車に手を振り、乗せてもらおうとする。だが、乗せようと思って車を近づけると、煙のように消えてしまうそうである。

（二年・寮生　エミコ）

■地元の山中にある古びたトンネルは、工事中に落盤事故か何かで作業員が死んでいる。真夜中、このトンネルの中で「おーい！」と叫ぶと、暗闇の前方からこちらへ向かって、「どすどすどす！」と物凄《ものすご》い勢いで足音が迫ってくる。逃げ遅れると死ぬらしい。

（二年・通学生　マコ）

■街頭での勧誘を断ると、腹いせに呪いをかけてくる新興宗教がある。呪いにかかると毎晩悪夢を見るようになる。街中で見かけたら、誘われる前に逃げだしたほうがいい。

（二年・寮生　クミ）

■昔通っていた小学校の裏手の丘には、古びた大きな墓地が広がっていた。この墓地で夕方遅くまで遊んでいると、身の丈が二メートル以上もあるお坊さんに追い回されたり、墓石の隣に佇む白い着物姿の女たちに睨《にら》みつけられたりするそうである。

（二年・寮生　ミヤビ）

■鎌倉《かまくら》の町外れにある森の中にその昔、首切り殺人があった廃屋がある。ふざけ半分で中に入ると、首のない男の霊に追いかけられるのだという。

（一年・寮生　アキ）

■先日の夜、寮の食堂に独りでいた時、背後からふいに両手で目を覆い隠された。手を払って振り返ると、誰の姿もなかった。旧館よりも、今の寮のほうがやばいと思う。

（二年・寮生　チホ）

斯様《かよう》な話を筆頭に二時間余りの時間をかけ、参加者たちの口から次々と不思議な話や、怪奇に満ちた恐ろしい話が語られていった。

初めはおぼつかない感じだった進行も、何話か語られるごとにスピード感がいや増し、開始から一時間を迎える頃には、参加者たちは「自分が次の話者に」と、こぞって手を挙げるようになった。ほとんど強引に参加させられた杏理さんや他の寮生たちとしては、思いもよらない楽しい時間となった。

それは発案者の綾にとっても、どうやら予想していた以上の成果だったらしい。会の終了後、周囲で賑々《にぎにぎ》しく今夜の感想を語り合う生徒たちに次々と絡みに行っては、いかにも得意げな調子で振る舞い始める。

ところがそのさなか、さらに予期せぬ事態が生じてしまう。

「なあ、ゲロ姫。お前も怖かった？　超ビビった？」

みんなで作った車座から、少しうしろに離れた壁の近く。橙色《だいだいいろ》に染まった薄闇の中に独りで座っていた湖姫さんのそばに綾がすり寄り、脅すような口調で声をかけた。

「はい、怖かったです」

寸秒間を置き、俯《うつむ》き加減の細面から、怖《お》じ怖《お》じした目つきで湖姫さんは答えた。

だがその表情は、怪談話がどうのというより、綾への怯《おび》えから生じるものだと思った。

「嘘つけ。相変わらずノリの悪《わり》ぃ。大体お前、今日は一話でもなんか話したのかよ？」

湖姫さんの反応にムッとして、噛《か》みつくように綾が言った。

「いえ……そういう話、くわしくないから話せることが何もないんです」

「だったらみんなが話してる時にキャーキャー悲鳴あげるとかして、場を盛りあげろよ。せっかく誘ってやったのに気の利かねえ。もしかしてあたしのこと、バカにしてる？」

「いえ、バカになんかしてないです……」

湖姫さんは、今にも髪の毛を摑《つか》まれるかのような様子で、びくびくと身を竦《すく》めている。

一方、綾が苛々《いらいら》しているのは明白だった。

怪談会の大盛況に気をよくしているところへ、湖姫さんから白ける反応をされたのが理由なのだろうけれど、ならば大層子供っぽいことだと思った。

あるいは湖姫さんを怪談会に参加させた理由自体も、彼女が怖い話に心底怯える姿を楽しもうという魂胆あってのことだったのかもしれない。いずれにしても、湖姫さんが思ったとおりの反応を見せなかったことに、綾は露骨に苛立っているのである。

しだいに顔つきを険しくしていく綾の様子に、周りの生徒たちも徐々に気がつき始め、重たく沈んだ心境で流れを見守るようになる。薄明かりに照らされた旧館内の休憩室は、先刻までの和やかなムードから一転、ぴりぴりと張り詰めた空気に包まれていった。

「そもそもお前、みんなの話、ちゃんと聞いてた？　マジで聞いてたんなら、あんなにしれっとした顔できるわけねえじゃん。なめてんのか、お前？」

ねちねちとした嫌らしい口調で、綾が湖姫さんを追いこんでいく。湖姫さんのほうは、目に涙を浮かべながら「すみません」と頭をさげることしかできなかった。

確かに思い返してみると、怪談会の最中、湖姫さんは眉根《まゆね》のひとつも動かすことなく、能面のような顔つきでみんなの語る話を聞いていた。

実際のところ、彼女がこの怪談会の席で何をどう感じていたのかは分からないけれど、少なくとも杏理さんの目には、ずいぶん場慣れしているというか、こうした怪しい話のたぐいに強い耐性を持っているかのように映った。日頃はいつもおどおどしている癖に、それはとても意外な姿に感じられた。

一方、綾のほうは、湖姫さんのそうした態度も含め、何もかもが気に食わないらしく、理不尽な怒りをさらにぐんぐん加速させてゆく。

「大体、協調性がねえんだよ、お前。みんなが『怖かった』って盛りあがってんだから、お前も一緒に盛りあがってればいいんだよ。それとも何？ 怪談話なんかで盛りあがるうちらのことをガキっぽいとか思って見下してるわけ？ 見下して小馬鹿にしてっから、一緒になんかやってらんないって感じ？」

「いえ、見下してないです」

湖姫さんが答えたとたん、綾が彼女の頬を思いっきり引っぱたいた。

たちまち周りから、「きゃっ！」と悲鳴があがる。

「うっせえよ、お前。せっかくのイベントを台無しにしやがって」

引っぱたかれた頬にきつく手を添え、斜め座りの姿勢になった湖姫さんを睨みながら、ドスの利いた低い声で綾がぼつりと呟《つぶや》いた。

誰もがまずいと思う光景なのに、杏理さんを含む誰もが綾の暴走を止められなかった。いずれも身体が石のごとく固まり、黙って様子を見ることしかできなくなる。

「頬《ほ》っぺたなんか庇《かば》ってねえで、土下座ぐらいしてみせろよ、お前」

今度は平手で彼女の頭をべしゃりと叩《たた》き、さらに理不尽極まる謝罪を迫る。

すると湖姫さんは、僅《わず》かな沈黙を経たのち、頬に添えていた手のひらをすっとおろし、深々と項垂《うなだ》れていた細面を綾へと向かってゆっくりと持ちあげた。

とたんに綾の両肩がびくりと跳ねあがり、口から「うおっ！」と短い悲鳴が漏れる。

片頬の赤く腫《は》れあがった湖姫さんの目は、狐を思わせる細長い線を描いて吊《つ》りあがり、氷塊のごとく冷たく鋭い光を帯びた瞳《ひとみ》が、綾の顔を刺し貫くように睨み据えていた。

たかだか目つきを強くしただけだというのに、その顔つきは普段の湖姫さんの顔とは、まるで違うものへと豹変《ひょうへん》していた。周りの娘《こ》たちも、口々に小さな悲鳴をあげ始める。

嘘でしょう……。この娘、キレるとこんなにやばい目になっちゃうんだ……。

思うなり、杏理さんの身の毛がぞわりとよだち、背筋に得体の知れない悪寒が生じた。

一方、綾のほうは、強い恐怖で生じた反射のごとく、すかさず右手を大きく振りあげ、湖姫さんの頬を再び強く引っぱたいた。

湖姫さんはその反動でぐらりと身体を傾がせたけれど、倒れるまでにはいかなかった。壊れたマリオネットのごとくおぼつかない動きながらも、ただちに姿勢を元の形へ整え、綾に向かって再び面をまっすぐ持ちあげる。

再び見えた彼女の目からは先刻までの鋭い眼光は消え失《う》せ、代わりにいつもの大きくつぶらな瞳から、ぼろぼろと大粒の涙がこぼれていた。

この夜における本当の異変が起きたのは、ここから先のことだった。

まずは、湖姫さんと向かい合って座っていた綾が、突然悲鳴を張りあげたかと思うと、憑《つ》かれたように立ちあがり、そのまま休憩室の窓へと向かって一直線に駆けだした。

窓ガラスは固く閉ざされ、カーテンも閉めきられていたのだけれど、綾は金切り声をあげながら窓に向かって突進し、そのままガラスを破って戸外へ飛びだしていった。

尋常ではない綾の行動に唖然《あぜん》となりつつ、怪談会の参加者たちが湖姫さんのほうへと再び視線を戻したとたん、今度はその場に居合わせた全員の口から絶叫があがった。

彼女の背後に異様なものが見えたからである。

そこへ突然、泣きながら目の前に座っていた湖姫さんが、前のめりにばたりと倒れた。

ここに至って完全なパニック状態に陥った参加者たちは、蜘蛛《くも》の子を散らすようにして一斉に旧館を飛びだした。

その後、なりふり構わず救けを求めた上級生と警官たちによって、倒れた湖姫さんが救出されたのは、騒ぎの発生から三十分近く経った頃。

幸いにも意識こそあったが、胸元は大量の反吐《へど》にまみれ、自力で歩くこともできない状態になっていた。

一方、綾の姿が発見されたのは、そこからさらに二時間近くが過ぎた頃だった。

綾は寮から少し離れた場所にある神社の境内にいた。ガラスで傷だらけになった身を拝殿の前にひれ伏して、何度も「救けてください」と譫言《うわごと》のように呟いていたという。

綾も湖姫さんもすぐに病院へ搬送され、即日入院となった。

事件が起きた怪談会の晩、杏理さんたちが目にしたものについては、目撃者によってばらつきがひどく、ひとまとめに論じることは難しかった。

杏理さんが目撃したのは、巨大な顔である。

綾が休憩室の窓ガラスを突き破って外へ飛び出ていった直後、再び湖姫さんのほうに視線を向けると、彼女の背後に立つ壁の中から、人の背丈ほどもある巨大な顔がふたつ、音もなく浮かびあがってくるのがはっきりと見えた。

顔はそれぞれ湖姫さんの両肩付近にあり、どうやら年老いた男女のもののようだった。

どちらの顔も杏理さんの目をじっと見つめ、粘ついた嫌らしい笑みを浮かべていた。

のちに確認してみたところ、おそらく同じものを目撃したのは、トータルで四人いた。

だが、それ以外の面子《メンツ》が見たものは、これとはまったく別なものになっている。

壁際に座る湖姫さんの真後ろにずらりと並ぶ、黒い人影を見たという者も多かったし、彼女の傍らに顔の崩れた着物姿の男女や、青白い顔をした不気味な女が立っているのを見た者も複数いた。

事件があった直後こそ、これらの正体を旧館に棲《す》み着いている悪霊だとか、怪談会を呼び水に集まってきた化け物たちだと解釈する者も多かった。

けれどもそこからいくらもしないうちに、あれらを呼び寄せたのは湖姫さんだという意見が、圧倒的大多数を占めるようになった。事件当夜における怪異が発生するまでの流れを鑑《かんが》みると、彼女が「何かをした」と解釈したほうが、はるかに自然な絵を描けた。湖姫さんは一週間ほどで退院してきたが、退院後も自室に引き籠《こも》っていることが多く、周囲もわざわざ彼女と積極的に関わろうとする者はいなかった。

言わずもがな、彼女のことが怖かったのである。

一週間で退院してきた湖姫さんに対して、綾のほうはとうとう戻ってこなかった。

人づてに聞いた話によると、入院してからも「救けてください」の繰り言は治まらず、しだいに自傷行為などの奇行も目立つようになってきたため、そちら方面の専門病院へ転院することになったのだという。

一時に心がそんなになってしまうほどの、何を彼女は見てしまったというのだろう。斯様《かよう》に復讐《ふくしゅう》めいた惨い結末も、湖姫さんを怪異の元凶とする決め手のひとつとなった。

一方、当の湖姫さんも夏休みに入ってはたと気づいた時には、寮から姿を消していた。寮母にそれとなく尋ねてみると、一身上の都合で退学したとのことだった。

以来、今日この日に至るまで、綾とも湖姫さんとも、再び顔を合わせることはない。謎めいた湖姫さんの素性についても、未《いま》だに何も分からないままである。

当時は事なかれ主義で自分の身を守ることが最優先。だから長いものには巻かれたし、本当は意に染まない同調圧力にも、わざわざ逆らうような真似はしなかった。

とにかく日々の暮らしに波風が立たぬよう、楽しく過ごせればいいとだけ思っていた。

だが、あれから二十年近い月日が経ち、当時の自分の心の未熟さに思い至ってからは、やたらと湖姫さんの顔が脳裏に浮かんでくるようになったのだという。

後夜祭が終わったあと、のど自慢大会の件を謝りにいった杏理さんたちに、保健室のベッドの中であえかな笑みを浮かべ、「うん、気にしてない」と応《こた》えてくれた湖姫さん。

いつもおどおどしていたけれど、本当は心根の優しかった彼女に救いの手を差し伸べ、力を貸してあげるどころか、最後には得体の知れない化け物と見做《みな》して忌避したことを今では心底後悔しているそうである。

もしもどこかでもう一度、彼女と顔を合わせるチャンスがあるとしたら、その時には心の限りの謝罪がしたいと杏理さんは思っているのだという。

だったら来るな【対面取材　二〇一六年四月十七日　日曜日】

杏理さんの取材を終えて、およそ二週間後。

今度は彼女が勤める会社の先輩・美佳子《みかこ》さんから、話を聞かせてもらうことができた。

美佳子さんは、両親の代から都内に持家を構えて暮らしているのだが、父の出身地は、長野県の山深い田舎町である。先祖代々が眠る墓もこの町にある。

毎年お盆の時期になると、父は母と美佳子さんを連れ、車で長野へ墓参りに出かける。東京の自宅から墓までは、高速道路を使っても片道五時間以上を要し、毎年の墓参りは、一日がかりの大きな行事になっていた。

ただ、それは父が自ら望んでしていたことではなく、長野に暮らす祖父母や長男から、年に一度の墓参りを義務づけられていたからだった。

父としては、せっかくのお盆休みを墓参りなどではなく、行楽などに使いたいという気持ちのほうが強かったのだと思う。

美佳子さんが子供時代、墓参りに向かう時には、いつもぶつぶつと不平を垂れながら車を運転していたので、よほど億劫《おっくう》だったのだろうと美佳子さんは語る。

そうした毎年が繰り返され、美佳子さんが小学四年生になったお盆のことだった。

この年も例年のごとく、父が運転する車で長野へ墓参りに出かけた。

朝早くに自宅を出発し、午前中の到着を目指して父は車を走らせた。

「なんだって、先に死んだ連中のために生きている我々が毎年、こんなしち面倒くさい思いをさせられなきゃならないんだか……」

出発早々から、父は恒例のぼやきを始め、それを助手席の母がやんわり窘《たしな》めるという光景も繰り返された。

そうして高速道路にあがり、しばらく経った頃だった。

母の提案で、お茶でも飲みましょうということになり、サービスエリアへ入った。

食堂へ向かい、父と母はコーヒーを、美佳子さんはオレンジジュースを買ってもらい、近くの手頃なテーブル席に着いた。

「墓参りなんて所詮《しょせん》、自己満足の世界だよなあ。行きたい奴が勝手に行けばいいんだよ。いくら身内だからって、毎年強制されたら堪《たま》ったもんじゃないね」

渋い顔を浮かべてコーヒーを啜《すす》りながら、父は相変わらずぼやき続ける。

「自然が多いところだし、先祖供養も兼ねて、気分転換に行くと思えばいいじゃない」

母は悪気なく言ったのだろうけれど、このひと言に父のほうは気を悪くした。

「毎年毎年、往復十時間以上も車を運転させられて気分転換も何もないだろう。自然が多いと言ったって、ただの田舎じゃないか。俺は昔から田舎が大嫌いなんだよ」

露骨に顔をしかめ、噛《か》みつくような語調で父は母に突っかかる。

「まったく。単に実家の先祖ってだけで、子孫の貴重なお盆休みを自分たちの墓参りに潰《つぶ》させるんだから、全く結構なご身分だよ。むしろ、墓の前に立ったらこっちのほうが手を合わせてもらいたいぐらいなもんだ」

苦々しい顔つきで言い終えると、ソーサーからカップを摘《つま》みあげ、僅《わず》かに残っていたコーヒーをごくりと一気に飲み干した。

とたんに父の両目が、大きくかっと見開いたかと思うと、頬がリスのようにぷくりと丸く膨らんだ。

一体、何が起こったのかと美佳子さんが思うまに、父は「うええっ！」と声をあげて、口から何やら黒くてどろどろした物を吐きだした。

泥だった。

ご飯茶碗《はんぢゃわん》で一杯分ほどの量がありそうな泥の塊が、テーブルの上に小さな山を作ってぶちまけられていた。

すっかりパニックになった父は初め、店の従業員がカップの底に泥を入れたと言って抗議に向かおうとした。けれども父の口から吐きだされた泥の量は、どう見積もってもコーヒーカップに収まるようなものではなかった。

それを母が指摘すると、父もどうにか理解した様子で、従業員への抗議は取りやめた。代わりに顔色を真っ青にさせ、その後はほとんど無言で車を走らせることになった。

そんな異様な一幕があった数時間後、当初の予定通り、車はお昼近くに実家の墓地へ到着した。さっそく車を降り、家族揃って墓へと向かう。

ところが墓の前へとたどり着くなり、父が再び「うええっ！」と叫び声をあげた。

何事かと思って振り向くと、父は墓の前の地面を見おろしながら、歯の根をがちがち震わせている。

父の視線をたどって地面を見てみると、黒く湿った土がちょうど、ご飯茶碗ぐらいのサイズにくり貫《ぬ》かれて、半球状の穴ができていた。

「文句があるなら、もう来なくていいってことだったのかな……」

放心したような顔つきでぼそりと呟《つぶや》くなり、父は墓前にしゃがみこんで、例年よりも長々と先祖に手を合わせ続けた。

翌年以降も、お盆の墓参りには出かけ続けたのだけれど、この年の一件があって以来、父は墓参りに関して、一切文句を言わなくなった。

幸いにも父の身に異変が降りかかったのも、この時一度きりのことだった。

その後は毎年、謙虚な気持ちで墓参りを続けたそうである。

眩《まばゆ》いばかり【電話取材　二〇一六年四月二十七日　水曜日】

こちらは美佳子さんの夫で、高校教師をしている直志《なおし》さんの話である。

直志さんは、いわゆる「霊感」めいたものなど、自分にはないと確信しているのだが、これまでに一度だけ、妙なものを目にしたことがあるという。

今から十年ほど前、修学旅行で沖縄に出かけた時のことである。

初日のスケジュールが無事に終わり、夕暮れ過ぎに宿泊先のホテルに到着した。

引率の教師も学生たちも、一度割り当てられた部屋に向かい、荷物の整理をしたのち、宴会場で夕飯を食べるという流れだった。

直志さんも渡されたルームキーを持って、自分の部屋へと向かった。

エレベーターに乗りこみ、まもなく見つけた部屋のドアを開ける。

真っ暗な室内へ入って、壁際のスイッチを入れると、天井に架けられた蛍光灯が灯《とも》り、部屋じゅうが明るくなった。

同時に部屋の窓際に、見知らぬ人物が突っ立っているのが見えて、ぎょっとなる。純白のウェディングドレスを着た、若い女だった。

　女は窓際の閉めきられたカーテンを背にして佇《たたず》み、こちらに微笑を浮かべている。

　仰天しつつも何か言葉をかけようとしたとたん、女の全身から真っ白な光が放たれて、視界が一面、目が潰れそうなほどに強烈な白一色に染まった。

　反射的に目蓋《まぶた》を閉じても、光は目蓋の裏側にまで透けてきて、閉じられた目の中さえ完全な白一色に染めあげた。思わず悲鳴をあげて逃げだそうとしたのだが、直志さんが踵《きびす》を返すより先に、目蓋の裏の光はふっと立ち消えてしまう。

　恐る恐る目を開けてみると、部屋は元の明るさに戻り、女の姿も消えていた。

　その後、生徒たちと夕飯を済ませ、他の教員たちとミーティングをおこなったのちに、再び部屋へと戻ってきた。先ほど起きた件は、結局誰にも話さなかった。二度目に入室した時は、何も異変は起こらなかったし、おそらくは旅の疲れが祟《たた》って、幻でも見たのだろうと思った。

　ならばさっさと休むべきだと思い、いそいそとベッドへ潜りこむ。

　それからしばらく経った頃である。昏々《こんこん》と寝入っているところへ突然、強烈な眩《まぶ》しさを感じて目が覚めた。

　気づけば再び、目蓋の裏が白一色に染めあげられていたのだが、意地でも目は開けず、ベッドの中で震えながら寝たふりを決めこんだ。

不幸中の幸いか、光は数分ほどで弱まり始め、花が萎《しぼ》むようにして消えていった。元の暗さに戻ったあとは、それ以上何も起こることはなかったが、それでも目だけは絶対に開けず、直志さんはその夜を明かした。

翌日は別のホテルへ宿泊する予定だったので、同じ部屋に泊まることはなかった。

だから、二度と同じ思いをせずには済んだのだけれど、今でもあの強烈な光の印象とウェディングドレスを着た女の姿は、脳裏にまざまざと焼きついている。

果たしてあの時、自分が視《み》たものはなんだったのか。

ふとした時に当時の記憶が蘇《よみがえ》るたび、直志さんは頭を捻《ひね》り続けているのだという。

闖入者《ちんにゅう》【対面取材　二〇一六年五月十七日　火曜日】

「こういう話を集めているんでしたら、私もひとりだけ、紹介できる人がいますよ」

話が終わったあと、直志さんがおもむろに切りだしたのでくわしく尋ねてみたところ、学生時代の同級生だという。

川野《かわの》さんという人で、彼は現在、平塚《ひらつか》のほうで妻とふたり、小さなバーを営んでいる。怪異はこの店で起こったらしい。さっそくアポを取ってもらう。

翌月の連休明け、都内から電車を乗り継ぎ、裕木は川野さんの店を訪ねた。

その日は朝から、あいにくの雨模様だったけれど、午後の二時過ぎに店へ到着すると、川野さんと奥さんが手厚く迎え入れてくれた。

「私たちも特に〝霊感〟みたいなものはないと思うんですが、仮に幻みたいなものだと割り切ろうと思っても、それを見てしまったのは私たちだけじゃないもので、そういう割り切り方もできないんですよ。とにかく今振り返っても、気味の悪い体験でした」

苦い微笑を浮かべつつ奥さんと頷《うなず》き合いながら、やおら川野さんは話を始めた。

今から七年前の夏場に起きた話だという。

その夜は、長年店に通ってくれた常連客の命日だった。

同じ街に暮らす中年の夫婦で、開店当時からずっと贔屓《ひいき》にしてくれていたのだけれど、二年前に交通事故でふたりとも亡くなってしまった。

以来、命日が来ると、川野さん夫妻ははカウンター席の隅にビールを注いだグラスをふたつ並べ、ふたりの成仏を祈るようにしていた。

この夜も開店と同時に奥さんがグラスにビールを注ぎ、カウンター席の隅に供えた。

平日だったので客足は大してなかったが、それでも近所に暮らす常連客はぽつぽつと店を訪れ、ささやかな晩酌を愉《たの》しんでいった。

そうして夜の十時が過ぎる頃、店にいたのは川野さん夫妻と三人の客である。

いずれも常連客で、カウンター席に橋船《はしぶね》さんという初老の男性がひとり。四人掛けのテーブル席に中年の男性客がふたりという面子《メンツ》だった。

九時頃に来店した橋船さんは、素面《しらふ》だと口数の少ない大人しい人だが、杯を重ねるとぐんぐん陽気になって、あれやこれやと楽しい話題を振りまいてくれる。

この日も来店から一時間ほどで大体できあがり、川野さんたちとカウンターを挟んで、プロ野球やテレビの話に花を咲かせていた。

そうこうしているうちに橋船さんが用を足すため、店の奥側に面したトイレへ立った。同時にテーブル席のほうからオーダーが入ったので、奥さんがカウンターを出ていく。

オーダーを待ちながら、川野さんがカウンターの隅へ視線を向けると、供えたはずのグラスが両方とも消えていた。グラスは毎年、閉店時間まで供えたままにしているので、奥さんが勝手にさげたとは思えない。

ならばグラスはどこへ消えたのだろうと思い始めたところへ、橋船さんがトイレから戻ってきた。

彼は初め、すっきりした表情を浮かべていたのだが、カウンター席が並ぶ床のほうへ視線をおろしたとたん、「うわっ！」と声を張りあげ、大きく身を仰《の》け反らせた。

橋船さんの声に驚いた奥さんとテーブル席の客たちも、カウンター席の足元へ視線を向けるなり、真っ青な顔になって悲鳴をあげる。

何事かと思って、川野さんもカウンターから身を乗りだしてみた。

すると、向こう側の足元から何かがふたつ、ぱっと飛びだしていくのが見えた。

人だった。けれども、ただの人でもなかった。

背丈がせいぜい、大人の手のひらから肘《ひじ》ぐらいまでしかなく、頭だけが異様に大きい。どちらも経帷子《きょうかたびら》のような白い着物を着ていて、ばさばさに乱れた長くて黒い髪の毛を蛇のように揺らしながら、店内の床を物凄《ものすご》い勢いで駆けずり始めた。

二体の小さな異形は初め、奥さんとふたりの客がいるテーブル席のほうへと向かって走りだしたのだが、直前までくると進路を変えて、隣のテーブル席の下へと駆けこんだ。足音は心音を思わせる低くてけたたましい印象で、走る勢いも目に留まらぬほど速い。

啞然《あぜん》となりつつも、半ば反射的に川野さんがカウンターから飛びだすのとほぼ同時に、橋船さんも動きだして異形たちが潜りこんだテーブルのほうへと進みだした。

異形たちもそれに気づいたようで、すぐさまテーブルの下から駆けだしてくる。

その目の前にカウンターから飛びだした川野さんが立ち塞《ふさ》がると、二体の異形たちはこちらを見あげて、はっとした色を浮かべた直後、今度は店の玄関に向かって一直線に駆けだしていった。

一瞬見えたその顔は、どちらも死人のように蒼《あお》ざめた、老いた女のそれだった。

二体の小さな異形たちは玄関口までたどりつくと、ぴたりと閉めきられた玄関ドアをそのまますり抜け、外へと姿を消していった。

たちまち店にいた一同の口々から、「今のは一体なんなんだ！」という悲鳴混じりの声があがり始める。

誰もがすっかり竦《すく》みあがり、今にも泣きだしそうな顔になっていた。

そこへ少し間を置き、橋船さんが得心したような顔つきで、ふいにぼそりと呟《つぶや》いた。

「ああ、もしかしたらあれ、俺が連れてきたのかもしんないな……」

事情を尋ねてみると、橋船さんは先週の日曜日、若い頃から仕事で世話になっていた知人の墓参りをしに、山梨県の山中にある古びた墓地へ行ってきたのだという。

墓参りを済ませて以来、肩と腰の辺りがなんとなく重たく感じられていたのだけれど、今はすっかり軽くなって楽になった。

だから思うに、墓参りのあとから始まった不審な身体の重苦しさは、今見たあれらがずっと自分の身体に縋《すが》りついていたからではないかと、橋船さんは語った。

俄《にわ》かに信じ難い話だったが、すでに信じ難いものをこの目で視てしまったあとである。川野さんを含め、橋船さんの話に異論を挟む者はいなかった。

さらに加えて、二体の異形が現れたカウンター席の床上には、常連客の供養に捧《ささ》げたふたつのグラスが、空っぽになって転がっていた。

橋船さん曰《いわ》く、先ほど用を足して戻ってきた時、小さな異形たちはカウンターの下でグラスを両手に抱え、ビールを呑《の》んでいたようだという。

七年前のこの年以来、川野さんは常連客の命日に酒を供えるのをやめてしまった。

たとえ故人に気持ちをこめて供えても、それを目当てにどんなものが寄ってくるのか分かったものではないし、来客に何がとり憑《つ》いているのかも分からないからである。

「ちなみに当時、そいつらが残していった痕跡《こんせき》がまだ、微妙に残っているんですよ」

そう言って川野さんが指し示した店内の床には、金属製のブラシで拵《こしら》えたかのような細長くて薄ぼけた擦り傷が、何本も走っていた。

件《くだん》の小さな異形たちが店内を駆けずり回った際、凄《すさ》まじい脚の運びから放たれる力で刻みつけられてしまった傷なのだという。

緋《ひ》色《いろ》の女【記録日　二〇一六年五月十七日　火曜日】

取材を終え、川野さんのバーを辞したのは、午後の五時近くのことだった。

店を出ると、朝からしつこく降り続いていた雨はすっかりあがり、代わりに空は一面、紅蓮《ぐれん》の炎が燃えたつような見事な夕焼けに染まっていた。

駅へと戻り、まもなくホームに着いた電車に乗りこんだ裕木は、乗降口の間近にあるロングシートのいちばん端の席に座った。

都内の最寄り駅へ帰り着くには、途中で一度、乗換えをしなければならない。乗換駅までは四十分近い時間があった。かなりの余裕があるため、鞄《かばん》からメモ書き用の取材ノートを取りだし、先ほど川野さんから聞いた話の整理を始める。

裕木の取材ノートは、メモ書き用と清書用の二種類があり、取材相手から聞いた話を書き取る際にはメモ書き用のノートを用いる。

まずは取材相手が話を語るに際して使う生の言葉を可能な限り、取りこぼすことなく忠実に書き取っていく。そうして、相手の語りがすっかり終わったことが確認できると、今度は最初にうまく書き取れなかったくだりの穴埋めや細かな疑問点の解消をするため、失礼のない範囲で質問と確認を繰り返し、さらに怪談としての事実性を補強していく。

斯様《かよう》な工程を踏まえて聞きだし、記録した情報を分かりやすく、簡素な形に整理してようやく完成するのが、清書用ノートにまとめられた怪談集である。

取材を始めた頃は勝手が分からず、一話をまとめあげるのも悪戦苦闘の連続だったが、しだいに自分のスタイルを確立してからは、むしろ楽しい作業になっていた。

だから時間があれば、電車の中でもこうして作業を始めてしまう。

メモ書き用のノートの中から、明らかに必要なしと判断される箇所には二重線を引き、逆に書き足らないと感じた箇所には、記憶を思い返して適宜情報を補完していく。

そうして、膝《ひざ》の上にのせたノートを矯《た》めつ眇《すが》めつ確認しながら、黙々と作業を続けて三十分近くが経った頃のことである。

何気なくノートから顔をあげた時、前方の真向かいに座る女のほうへ視線がいった。

裕木は初め、彼女を十代半ばの少女と認識した。

だが、よく見てみると違った。

歳の頃は定かでなかったが、少なくとも少女ではなく、彼女は成人済みの女性だった。

裕木が一瞬、彼女を少女と見紛《みまが》えた理由は、第一にその顔立ちにあった。

春先に舞い降りた淡雪を思わせる、抜けるように白くて儚《はかな》い肌の質感。

その仄白《ほのじろ》くて小ぶりな面には、あどけない色を湛《たた》えた、つぶらな瞳《ひとみ》を灯《とも》らせている。

まっすぐ伸ばした長い黒髪が醸す、柔らかで繊細な艶《つや》やかさと、眉毛《まゆげ》の辺りで水平に切り揃えられた前髪の雰囲気も相俟《あいま》って、彼女の顔はますます幼く見えてしまった。

加えて彼女は、濃紺色のジャケットにプリーツスカートという出《い》で立ちだった。

ジャケットの中には白いブラウスが覗《のぞ》き、その襟元には黒いリボンが結ばれている。

こちらも一瞬、学校の制服のように見えたため、誤認にさらなる拍車をかけた。

だが、よくよく仔細《しさい》を確認してみれば、スカートの丈は脹脛《ふくらはぎ》の半分近くを隠すほどに長かったし、履いている靴もローファーやスニーカーではなく、黒いパンプスだった。

誤解を改めたうえでその装いを見つめ直してみると、いずれも彼女の清楚《せいそ》な雰囲気によく似合っていて、しっとりと落ち着いた佇まいを演出している。

上質そうな生地の具合や拵えなどから察するに、きっと高い服なのだろう。

もしかしたら、いいところのお嬢さまなのかなと裕木は思う。

彼女は人形のように整った顔立ちをした、とても綺麗《きれい》な女性だった。

そうしてつかのま、女性に視線を釘《くぎ》づけにされていると、彼女もそれに気づいたのか、こちらにすっと顔を向けてきた。

「あ、やばい」と思い、すかさず目を伏せ、取材ノートへ視線を戻そうとする。

ところがそこで、「あれ？」と思い、戻し始めた視線が止まってしまった。

途中で止まった視線の先には、向かい側に座る女性の脛《すね》とパンプスが見えている。

そしてそのパンプスのすぐ隣には、生白い色をした、裸足《はだし》の足首がふたつ並んでいた。

ほんの一瞬前、視線を前へ向け、真向かいに座る少女のような女性を見ていた時には、彼女の隣に誰の姿もなかったはずである。

そもそも電車の中で、裸足ってなんだ？

絶対におかしいと思い、戻しかけた視線を再びまっすぐに戻す。

戻した視界の先には、ロングシートの端に座る少女のような女性の姿と、その傍らに突っ立つ女の姿があった。

髪型はシートに座る女性と同じ、黒くてまっすぐな長髪だったが、前髪は顔の両脇にさらりと流して、艶《なま》めかしい色みを湛えた細い面が露《あら》わになっている。

服装は、濃い緋色に染まった長袖《ながそで》のワンピース。丈はシートに座る女性とほぼ同じく、脹脛の半分ほどまでの長さがある。

スカートからはみ出た両脚の先は、やはり裸足である。

冷たく固い電車の床に足の裏をべたりと貼りつかせ、女は吊《つ》り革に掴《つか》まることもなく、両腕をだらりと身体の脇にぶらさげて、まるで生きたマネキンのごとく、女性の傍らに屹立《きつりつ》している。

年頃も多分、彼女と同じくらいではないかと思った。

髪型以外に顔の造りもどことなく似ていたので、あるいは姉妹なのかもしれない。

ただ、おしなべて儚い色を滲《にじ》ませ、弱々しげな顔つきをしているシートの女性に対し、こちらの女性の顔つきは険しく、いかにも近寄り難い雰囲気を醸していた。

切れ長の瞳は、目蓋《まぶた》が僅《わず》かにさがって鋭く細まり、睨《にら》みつけるような眼差《まなざ》しで車内の宙に向けられている。まるで、静かな怒りに燻《くすぶ》っているかのような顔つきである。

女の背後に広がる車窓の向こうでは、紅蓮の赤に色づく夕焼け空が煌々《こうこう》と輝いている。

車内を燃やすように射しこむその光が、女が着ている緋色のワンピースに染みこんで、ただでさえ濃い緋色の生地を血のような赤に染めあげている。

突然の状況に事態が呑みこめず、得体の知れない戸惑いを覚えた。

この女は一体どこから、さらにはいつのまにこの場へ現れたのだろうか。

こちらが視線をおろしかけた一瞬の隙を突くようにして、矢庭に姿を現していた。

彼女は何者なのかと思い始めてすぐ、脳裏をよぎったのは「お化け」だった。

異様な出現の仕方は元より、険しい形相や、車内に裸足で屹立するその姿も含めると、女がこの世の者とは思えなくなってくる。

けれども、裕木の目に映る彼女の姿はあくまでも明瞭《めいりょう》で、微細な肌の具合や服の質感、果ては針のように連なった睫毛《まつげ》の様子までも視認することができる。

車内は比較的閑散としていたが、それとなく周囲の乗客らの様子をうかがってみても、誰も女のことを気にするそぶりは見られなかった。

ならばやはり、女は生身の人間であり、彼女の異様な出現についても、単なる自分の勘違いなのだろうか。みるみる気持ちがぐらついてくる。

それでも真相をはっきりさせたくて、再び女へ向かって視線を戻した。

すると、女もこちらにゆるりと首を振り向け、針を刺すような目で睨みつけてきた。

ぎょっとなって身が強張《こわば》り、すかさず視線を逸《そ》らそうとする。

だがその刹那《せつな》、女の視線の他にもうひとつ、そのすぐそばでこちらをじっと見つめる目玉があることに気がついた。

反射的に視線を向けると、シートに座る綺麗な女性が、裕木を見つめて微笑んでいた。

それは幼い少女が子猫に向けるような、天真爛漫《てんしんらんまん》であどけない笑みだったのだけれど、裕木は彼女と目が合った瞬間、冷や水を浴びせられたようにぞっとした。笑いかけられたのではなく、人の顔をした大きな蛇に視線を射貫《いぬ》かれたような心地に陥ったからである。

あとはもう駄目だった。彼女たちが何者だろうと、もはや一切関わる気になどなれず、再び視線を膝の上にのせたノートへ戻すなり、裕木は素知らぬふりを決めこんだ。

それから十分ほどだんまりを続け、ようやく乗換駅への到着を知らせるアナウンスが聞こえてきた。

その間にもずっと、おろした視線の前方には黒いパンプスを履いた足と、その傍らに並ぶ生白い裸足が見えていた。

ところが電車が乗換駅に停車して席から立ちあがると、緋色のワンピースを着た女は再び一瞬で姿を消し、目の前にいるのはシートに座る女性だけになっていた。

彼女と視線を合わせぬように電車を飛びだすと、裕木は紅蓮の夕焼け空に照らされたホームを猛然と突っ切り、まもなくやって来た次の電車へ逃げるように滑りこんだ。

カレー臭【対面取材　二〇一六年五月二十三日　月曜日】

川野さんの取材を終えて数日後、早々と次の取材相手の紹介があった。

逸美《いつみ》さんという、都心の進学塾で講師をしている川野さんの姪《めい》である。

「怖い話じゃないし、すごく変な話なんですが、こんな話でも大丈夫ですか……？」

微妙に心許《こころもと》ない様子で話してくれたのが、以下の奇抜極まりない体験談だった。


六年ほど前、逸美さんが現在暮らすマンションへ引越してきたばかりのこと。

ある晩遅く、仕事から帰宅して玄関ドアを開けると、中からふわりとカレーの香りが漂ってきた。

引越してきて以来、部屋でカレーを食べたことはなかったし、レトルトカレーやルー、スパイスになるような物さえ置いていない。

だから、そんな香りがするはずなどないのだけれど、靴を脱いで部屋の中に入っても臭いは薄まるどころか、ますます強くなってくる。

初めのうちは、よその部屋で作ったカレーの臭いが、何かの加減でこちらの部屋まで流れこんできているのかと思った。

だが、リビングに通じる引き戸を開け、部屋のまんなかに置いてあるテーブルの前に腰をおろした瞬間、「あ、違う」と仮説を撤回することになった。テーブルの前に腰をおろすと、カレーの臭いは一段と強くなった。というよりむしろ、一段と「近くなった」と感じたのである。試しにテーブルの上へ顔を近寄せてみると、露骨なまでに臭いが近くなって強まった。それはまるで、テーブル上に「見えざるカレー」が存在するのではないかと思うほどに強烈な臨場感を帯びて、逸美さんの鼻腔《びこう》を突き刺した。

一体、何事が起きているのだろうと思いながらも、とりあえずリビングの窓を開けて臭気を逃そうと試みる。けれども五分待てども十分待てども、テーブル上のカレー臭は、一向に薄まる気配がなかった。

しだいに薄気味悪くなってきた逸美さんは、そのうちほとんど無意識の思いつきからテーブルの前に正座して目を瞑《つぶ》り、「見えざるカレー」に向かって静かに合掌してみた。すると、臭いはみるみる薄まり始め、僅かな間にかすかな残り香すらも残すことなく、部屋から完全に掻《か》き消えてしまったのだという。

「カレーの霊なんているわけないし、あれは未《いま》だになんだったんだろうって思うんです。変な話を聞かせてしまってすみませんでした……」

以来、逸美さんの部屋で同じ現象が起きることは今のところ、一度もないそうである。

お節介【電話取材　二〇一六年五月二十七日　金曜日】

「……やっぱり、あまりといえばあまりな話なので、もっときちんと怖い話ができる人、紹介しますね。幸い心当たりがありますので……」

取材終了後、ばつの悪そうな顔で何度もお詫《わ》びを言いながら、逸美さんは、同じ塾で働く長久保《ながくぼ》さんを紹介してくれた。後日、電話取材をさせてもらう運びとなる。

長久保さんが大学時代、友人たちと忘年会で都心の居酒屋に出かけた時のこと。

当時、酒を覚えてまだまもなかった長久保さんは、周囲の陽気な盛り上がりに合わせ、ついついハイペースで杯を重ね過ぎてしまった。

ようやく過ちに気づいた頃には、すでに酔いが全身に回り、凄《すさ》まじい倦怠《けんたい》感とともに強い吐き気に見舞われた。必死の思いでその場をどうにか立ちあがり、ぐらつく視界と縺《もつ》れる脚の舵取《かじと》りに難儀しながら、急いで店のトイレへ向かう。

個室の中へ転がるようにして入ると、洋式便器の前に突っ伏し、こみあげてきた物を盛大にぶちまける。便器の中はすぐさま吐瀉《としゃ》物でいっぱいになったが、胃のむかつきは一向に治まらず、呻《うめ》き声をあげながら続けざまに嘔吐《おうと》を繰り返した。

それでも全身を渦巻く倦怠感は弱まるどころか、逆にますます強くなっていくようで、しだいに意識が霞《かす》んで視界も霧がかかったようにぼやけてくる。

そうして朦朧《もうろう》となりながらも最後の一滴まで酒を絞りだすべく、のどに指を突っこみ、再度の嘔吐を試みていた時だった。

「大丈夫ですかー？」

ふいに個室のドアの外から、男に声をかけられた。

声の印象から察して、自分と同年代ぐらいの若い男ではないかと思った。

「ねえ、大丈夫ですかー？」

呼びかけを無視して便座の前にへたりこんでいると、再び声をかけられた。

応《こた》えようにもそんな気力も余裕もなかったし、そもそも応える意思さえなかった。

道理で考えるなら、トイレの中で苦しげな呻き声をあげている者がいれば、心配して声をかけるのが、人の道というものなのだろう。それは酔った頭でも理解できる。

だがその一方で酔った頭は、男の呼びかけを「鬱陶《うっとう》しい」と思ってしまった。わけの分からない他人の声に応じるより、一刻も早く胃袋を空っぽにして、少しでも楽になりたいという気持ちのほうが強く勝る。

頼むから放っといくれ。さっさとどっかに行っちまえ。さもなくば黙ってろ。

心の中で毒づきながら、なおも便器に向かって呻き声をあげ続ける。

だが、そこへ。

「おーい！」

さらに男が声を張りあげた。

「ねえ、おーい！　大丈夫ですかー？」

続けてもう一度、どことなく陽気な声音で叫ばれたところで、堪忍袋の緒が切れた。

「うるっせえ！　さっきからしつけえんだよ！　さっさと消え失せろ！」

ドアに向かって振り返り、ありったけの怒鳴り声を浴びせつける。

とたんに静寂。トイレの中は、水を打ったようにしんと静まり返ってしまった。

突然の怒声に竦《すく》みあがって、硬直しているのだろうかと思った。

だが、それにしてもドアの向こうからは、男の息遣いはおろか、気配すらもまったく感じられない。

吐き気を堪《こら》えつつ耳をそばだて、つかのま様子をうかがってみたものの、男の気配は一向に感じられない。もちろん、トイレの外へ出ていった様子もなかった。

ドアを開け、外の様子を見てみると、やはり男の姿はどこにもない。

他の個室は、どれもドアが開いて空だったし、他に身を隠せるような場所もなかった。

胃のむかつきはまだまだ続いていたものの、やおら気味が悪くなってくる。

そのままトイレを飛びだすと、宴席のメンバーに体調不良を伝え、その夜は一足先にひとりで家路に就いた。

そうして酔いも醒《さ》めぬまま、ふらつく足取りでどうにか自宅アパートへ帰宅したのは、そろそろ深夜を回る頃だった。

吐き気は未だに治まりきらないまま、じわじわと静かにわだかまっていたのだけれど、それ以上にのどが渇いて仕方なかった。台所の蛇口からコップに水を注ぎ、続けて二杯、がぶがぶと飲み干す。

とたんに胃袋がでんぐり返るような不快感に見舞われ、再び吐き気がこみあげてくる。慌ててトイレへ駆けこむなり、ドアも閉めずに便器の中へ胃の中身をぶちまけた。

「大丈夫ですかー？」

そこへふいに背後から声をかけられたので、思わず悲鳴をあげて振り向いた。

目の前には、頭を坊主に丸めた若い男が笑みを浮かべて、こちらを見おろしている。だが、男は首から下がなく、死人のごとく色醒めた生首だけが、開け放たれたトイレの戸口にふわふわと、音もたてずに浮かんでいるのだった。

そこで長久保さんは意識を失い、気づくと翌日の昼過ぎだった。

男の生首が、泥酔状態の意識が見せた幻なのか、それとも本物のお化けだったのかは分からないという。ただ、この日を境に酒を呑《の》む時は、自分のペースをきちんと守って、二度と同じシチュエーションを作らないよう、努めるようになったそうである。

上から目線【電話取材　二〇一六年六月十日　金曜日】

長久保さんが次の取材相手に紹介してくれたのは、弟の淳史《あつし》さんだった。

今から十年ほど前、やはり大学時代に体験したことだという。

当時の淳史さんは、オートバイに乗るのが趣味で、大学が連休や長期休暇に入るたび、

他県へ泊まりがけでツーリングに出かけるのが常になっていた。

十年ほど前の夏場、この時に向かったのは、静岡県の浜松《はままつ》市。

浜名《はまな》湖畔のホテルに宿を取り、海水浴と市内の観光を楽しむ予定だった。

朝いちばんで都内を出発し、およそスケジュールどおりに現地へ到着したその翌日は、

午前中に海水浴を楽しんで、午後からはバイクで気の向くままに観光施設などを巡った。

そうして市内を夢中で走り回り、やがて時刻が夕暮れ近くに差し掛かった頃である。

淳史さんは、ふいにトイレへ行きたくなった。

すぐにコンビニを探し始めたのだけれど、こんな時に限って見つからない。

代わりにしばらく先へ進んでいった道沿いに、小さな公園が見つかった。

ここならトイレがあるかと思い、バイクを停めて園内に入る。

公園の一角には思ったとおり、コンクリート造りの公衆トイレが立っていた。

ところが急ぎ足で行ってみると、男性用トイレの入口側にはトラ柄のロープが掛けられ、壁には「故障中」の貼り紙が貼られている。

マジかと思いながら視線を隣へ向けると、女性用トイレのほうにはロープも貼り紙も見られなかった。夕暮れ時ともあって、公園内に人の姿も見られない。

「これは緊急事態だから」と割り切り、即座に女性用トイレの中へと駆けこむ。

それでも万が一、誰かが来たらどうしようとびくびくしながら、大急ぎで用を足す。

そうしてどうにか無事に用を足し終え、トイレの入口へ向かって歩きだした時だった。

「ねえ、何やってんの？」

突然、背後から声をかけられた。

ぎくりとなって振り返ると、淳史さんの目線よりも少し高い位置から、八歳くらいの女の子がこちらを見おろし、無邪気な笑みを浮かべていた。

ついでにその両足も、トイレの床から五十センチほど、ふわりと宙に浮かんでいる。

「うあっ！」とひと声叫んでトイレを飛びだすなり、あとは全速力でバイクを飛ばして、死に物狂いでホテルまで逃げ帰ってきたのだという。

斯様《かよう》になんの因果があるものか、長久保さん兄弟はふたりとも、大学時代に外出先のトイレにて、この世ならざる者に絡まれたという経験を持つ。

様変わり【電話取材　二〇一六年六月十二日　日曜日】

「怖い話って言うよりは変な話なんですけど、そんな感じの話でもよければ」

そんな前置きをしたうえで、淳史さんが紹介してくれたのは、勤め先の後輩に当たる、横田《よこた》さんという男性だった。

二年前の秋に体験した話だという。

休日に横田さんは彼女を連れて、車で茨城県へ遊びに出かけた。

国営ひたち海浜公園や水族館などを巡り歩いて帰途についたのは、午後の六時過ぎ。そろそろ腹も減ってきたので、途中で夕飯を食べていこうということになった。

よさそうな店を探しながら、薄暗くなり始めた国道をしばらく走っていくと、彼女が「あそこはどう？」と、車外の景色を指差した。

見ると前方に、イタリア料理店とおぼしきポール看板が立っているのが見えた。

看板上にはローマ字で綴《つづ》られた店名の他、スパゲッティ、ピザ、ドリアなどといった料理の名前が並んでいる。看板の色自体も、緑、白、赤の三色を縦の等間隔に区切った、イタリアの国旗を模したものである。間違いなかろうと判じる。

昼は和食だったので、気分も変わってちょうどいいと思った。彼女の要望にしたがい、さっそく車を店の駐車場へ停める。

店は個人経営らしく、店内は少々狭い印象だった。夕食時にしては、客の数も少ない。だが、内装や照明には小洒落《こじゃれ》た雰囲気が漂って、居心地は決して悪くなさそうである。白いブラウスと、黒いショートエプロン姿の女性店員も感じがよく、笑顔でふたりを席まで案内してくれた。こういう店なら、料理もきっと美味《おい》しいだろうと期待しながら、ふたりはさっそくメニューを開いた。

ところが開いたメニューに載っていたのは、スパゲッティやピザではなかった。代わりにラーメンや餃子《ギョーザ》、チャーハン、ニラレバ炒《いた》めなど、ラーメン店のメニューでお馴染《なじ》みの料理ばかりが、写真つきでずらりと掲載されている。

「え、何これ？　おかしいよね？」

彼女もメニューを見ながら目を丸くさせ、頻《しき》りに首を捻《ひね》りだす。

何かの手違いかと思い、横田さんは店員を呼ぶため、メニューから顔をあげた。

店内の様子は、先刻までとまったく違うものになっていた。

明るいクリーム色だった壁面は、油と煙で薄汚れた茶色い壁に変わり、短冊形をした手書きのメニューがずらりと並んで貼りつけられている。

同じく客席のほうも、つい先ほどまでは上品なマホガニー色だったはずのテーブルが、表面に細かな傷がたくさんついた、古びた焦げ茶のものに変わっている。

よく見ると、自分たちが座る席も同じものに変わっていた。一瞬にして変わり果てた店内の様子は、どこからどう見てもラーメン店のそれだった。唖然《あぜん》となりつつうろたえていると、店の厨房《ちゅうぼう》から白い割烹着《かっぽうぎ》を来た中年の女性店員が出てきて、他の客からのオーダーを受け始めた。

こちらも、来店時に席まで案内してくれた従業員とはまったくの別人である。

あまりに突拍子のない異変に理解がまるで追いつかず、ふたりで困惑しているうちに、店員がオーダーを尋ねにやってきた。

ほとんど反射的にラーメンをふたつ注文し、大急ぎで丼を空にする。

わけの分からないまま会計を済ませて店を出ると、建物の外装も古びたラーメン屋の様相に様変わりしていた。店の前に立つポール看板も、真っ赤な下地に「ラーメン」の文字がでかでかと躍っている。

ラーメン屋の両隣にはコインランドリーと理髪店が立っていて、イタリア料理店など、どこを探しても見つからなかったそうである。

原因だろうか【対面取材　二〇一六年六月十八日　土曜日】

横田さんの話では、母親の和貴子《わきこ》さんも、以前に奇怪な体験をしたことがあるらしく、こちらも取材させてもらうことにした。

横田さんの実家の近所には、踏切がある。

住宅地の中を走る複線と交差する小さな踏切で、朝夕の通勤時間帯を除けば、大して混み合うことはない。

四年前の春先に、この踏切で人身事故があった。

夕方、住宅地内のアパートに暮らす三十代の女性が、踏切を通過中の電車に飛びこみ、自ら生命を絶ったのだという。

長年、この地元界隈《かいわい》で暮らしてきたが、踏切でのトラブル、それも飛びこみ自殺など初めてのことだった。

亡くなった女性のことを知る近所の人たちの話では、日頃から特におかしな様子などなかったし、自殺した当日も普段とまったく同じ様子だったという。

だから近所で起きた陰惨な出来事が、一層薄気味悪く感じられた。

それから十日ほどが過ぎた、早朝のことである。

朝食の支度をしようとしたところ、うっかり調味料を切らしていることに気がついた。踏切を越えた少し先にコンビニがあるので、散歩がてら買いに向かう。

時刻は、五時を少し過ぎた頃。日はまだ昇ってまもなく、空は灰色混じりの乳白色に薄ぼけている。大気も少し霞《かすみ》がかかっていて、周囲の風景が微妙にくすんで見えた。

人気のない住宅地内の路地を抜け、踏切がある道路まで出てくると、十メートルほど離れた前方に、何か白いものがくすぶっているのが見えた。

ちょうど、広げたバスタオルぐらいの大きさで、ふわふわと虚空を漂うその形もまた、水平にしたタオルのような感じである。

そんなものが、踏切警報機のすぐそばの宙に浮かんでいる。

初めは靄《もや》かと思ったのだが、しだいに距離が縮まるにつれ、本当に靄かと疑いだした。

単なる靄にしては色が濃すぎるし、輪郭もやたらとくっきりしていて、周りの空気にうまく溶けこんでいない感じがする。

靄というよりはむしろ、ガス状の生き物が宙に浮かんで蠢《うごめ》いているような印象である。歩を進め、仔細《しさい》がはっきりしてくればしてくるほど、そんな印象が強まっていく。

そうして踏切まで、残り数メートルほどの距離まで近づいていった時だった。

ふわふわと宙にくすぶっていたそれが、ふいにこちらへ向かって流れてきた。

その動きはまるで、左右に身をくねらせながら水中を泳ぐ、大きな魚のようだった。

それも和貴子さんの目には、獲物を狙って急接近してくる猛魚の姿のように映った。

これには明らかに意思がある。絶対にただの靄などではない。

そんな直感が脳裏に閃《ひらめ》くと、もう駄目だった。

すかさず踵《きびす》を返すなり、あとは脇目も振らず、全速力で自宅へ逃げ帰ったのだという。

その後、件《くだん》の踏切では、ふた月ほどの間に二件のトラブルが発生した。

ひとつ目は、和貴子さんが踏切で得体の知れない靄のようなものに出くわしてから、およそ半月後。夕暮れ時に下校中の女子高校生が踏切内で突然倒れ、意識を失っている。

ふたつ目は、それからひと月後の朝方、付近を散歩していた老人が、遮断機のおりた踏切内に侵入し、走行中の電車に向かって線路の上を歩いていった。

幸い、どちらもセンサーが作動して電車が停まったため、大事に至らなかったものの、相次ぐ踏切でのトラブル発生に近隣住民は騒然となった。

それからまもなく、町内会の有志が地元の神社にお祓《はら》いを依頼したところ、その後は今に至るまで、何も起こることはないという。

仮にお祓いで問題が解消されたのだとしたら、踏切の近くを漂っていた靄状のあれが、通りかかる人々にとり憑《つ》いて悪さを働いていたのではないだろうか。

確証はないものの、和貴子さんは時折、そんなふうに思うことがあるそうである。

女学生たち【対面取材　二〇一六年七月三日　日曜日】

和貴子さんの取材を終えてまもなく、今度は彼女の友人で、外資系の仕事をしている菜穂《なほ》さんからも話を聞かせてもらうことができた。

菜穂さんが生まれ育ったのは、北関東にある小さな田舎町である。

都心や街場と比べると、密接な近所付き合いや地域で催される年中行事への協力など、各家庭における共同体への関わりが未《いま》だに根強い地域なのだという。

これは菜穂さんの父・泰明《やすあき》さんが、十年ほど前に体験した話だという。

そろそろ梅雨も終わりそうな七月の蒸し暑いある晩、泰明さんは、地元で定期的に開かれる会合に参加するため、集会場へ出かけた。

集会場は、自宅から徒歩で三十分近い距離がある。

車で向かえば五分足らずでたどり着けるのだが、会合では毎回酒が振る舞われるため、泰明さんはいつも徒歩で集会場へ参じていた。

この日も夜の七時頃に集会場へ到着し、地元の住人たちと楽しく酒の席を囲みながら細々とした予定の取り決めや打ち合わせをおこなった。

会合が終わったのは、十一時を半分近く回る頃。千鳥足で集会場をあとにしたものの、酔って家路をたどるのはいつものことだったので、大した苦にはならなかった。

集会場を出て初めのうちは泰明さんと同じく、やはり会合で酒を呑《の》んだ参加者たちと夜道を一緒に練り歩く。だがその道すがら、十分ほども歩く頃には、彼らは全員家へと帰り着き、最後はいつも泰明さんが独りとなる。

その頃になると、周囲は民家の数もまばらとなり始め、道端に立つ街灯の薄明かりや、手にした懐中電灯が照らしだすのは、田んぼや畑ばかりのうら寂しい様相と化す。

漆黒に染まる暗闇の方々で盛んに喚《わめ》く蛙の声や、金属的な音色で鳴き交わす虫たちの声を聞きながら夜道をしばらく進んでいくと、ふいにそれらの声に混じって、妙な声が聞こえてくることに気がついた。

女の声。それも複数の女が発する声だった。

声はくすくすと笑ったり、何かを囁《ささや》き合ったりしているそぶりで、暗闇のどこからか絶えることなく聞こえてくる。

一体、こんな時間に何者なのか？　それに声はどこから聞こえてくる？

泰明さんが耳を澄ませると、まるでそれに応《こた》えるかのように、まもなく声の主たちが背後の暗闇から続々と姿を現し始めた。

それは黒いセーラー服を着た女学生たちだった。

背《せ》恰好《かっこう》から見て、おそらく中学生ではないかと思った。

制服姿の少女たちは、漆黒に煙る後方の暗がりからぞろぞろとやって来て、楽しげな笑い声をあげながら、泰明さんの周囲をぐるりと囲むようにして夜道を歩き始める。

地元の中学生ではなかった。制服が違うからすぐに分かった。

それに、この娘たちの異様さにもまもなく気がつき、背筋がぞっと凍りついた。

少女たちが着ているセーラー服は、夏だというのにいずれも長袖《ながそで》だった。

髪型もおかっぱ頭や、前髪と後ろ髪に渦巻き状の妙なうねりがついたショートカット、首筋の両脇に垂らした三つ編みなど、古めかしいものばかりである。

身なりからしてすでに十分異様なのだが、こんな夜更けに年端もいかない少女たちが、それも集団で、こんな夜道を歩いているのも異様窮まりないことだった。

加えて少女たちは、明かりすらも携帯していなかった。

周囲を歩く彼女たちに恐る恐る視線を巡らせ、確認したのだが、懐中電灯のたぐいを持って歩く少女は、誰一人として見当たらない。

会合に出向くため、これまで数えきれないほど同じ夜道を歩き続けてきたのだけれど、こんな状況に出くわすのは、初めてのことだった。

考えたくなどないのだが、あるいはこいつらは、この世の者ではないのかもしれない。

全身に厭《いや》な汗を滲《にじ》ませながら、泰明さんが静かに怯《おび》える一方、少女たちは泰明さんの前にうしろに両脇にと、明るい声を弾ませながら何食わぬ顔をして歩いている。

いちいち数えることはしなかったが、二十人近くいたのではないかと思う。

　誰かに声をかけて事情を尋ねる気にすらなれなかった。その逆に、彼女たちの誰かに声をかけられたらどうしようと思い、気が気でならなかった。

だが幸いなことに、彼女たちはくすくすと笑いながら互いに声を交わし合うばかりで、こちらに視線を向けようともしない。

だから泰明さんもなるべく周囲に目を向けないよう、視線を自分の足元に注ぎながら、石のように押し黙って夜道を早足で歩き始めた。

　ところがどれだけ足を速めても、周囲を取り囲む少女たちの一団から抜けだすことができなかった。ほとんど小走りに近いほど、ずかずかとした足取りで前へ突き進んでも、少女たちは緩やかな歩調を変えることもないまま、泰明さんの周りを歩き続ける。

　ここに至ってとうとう限界を迎えた泰明さんは、ありったけの叫び声を振り絞るなり、その場を猛然と駆けだした。前方を歩く少女たちの間を縫うように走り抜け、真っ暗な田舎道をなりふり構わず突っ走る。

　今度はさすがに少女たちも、同じペースで引っついてはこなかった。周りに誰の姿も見えなくなったことを確認すると、歩調を少し緩め、そっと背後を振り返ってみる。

　黒々と染まった夜道には、誰の姿も見えなかった。

　大した距離など空けたつもりはなかったのだけれど、先ほどまであんなに絶え間なく聞こえていた笑い声や囁き声すら、まったく耳に届いてこない。

　ほんの一瞬、今来た道を引き返し、己の正気を確かめようかとも考えた。

けれども懐中電灯を携えた自分の右手を見たとたん、再び大きな悲鳴をあげてしまい、そんな気持ちは跡形もなく消え失《う》せた。

泰明さんの右手首には、何やら赤い布がぐるぐる巻きになって縛りついていた。

真っ青になってほどいてみると、セーラー服の襟元に巻くスカーフのようだった。

その場にそれを放り捨てるなり、あとは一切脇目も振らず、我が家まで死に物狂いで逃げ帰ったのだという。

身元判明【対面取材　二〇一六年七月十五日　金曜日】

菜穂さんの紹介で、彼女が勤める会社の後輩・芹江《せりえ》さんに聞かせてもらった話である。

五年ほど前、芹江さんはそれまで暮らしていたマンションを引き払い、以前と比べて暮らしも通勤も何かと便利な、隣町にある新しいマンションへ引越した。

引越しから三ヶ月ほど経った、真夏の晩のことである。

遅くに仕事を終え、駅から自宅へ帰る道すがら、街道に架かる歩道橋を上っていくと、欄干の上に裸足《はだし》で突っ立ちながら、真下の道路を見おろす女の姿があった。

歳は二十代の中頃だろうか。栗色に染めた長い髪の毛と、薄いピンクのワンピースが生温《なまぬる》い夜風に煽《あお》られ、ばさばさとはためいている。

一目するなり、飛び降りるつもりだと分かった。

状況を理解するなり身体が勝手に動いて、女の許《もと》へと駆け寄っていく。

だが、僅《わず》かにタイミングが遅かった。

芹江さんが女のそばまで行き着き、彼女の腰に腕を回そうとした瞬間、女は欄干から両足をぽんと跳ねあげ、真下を走る道路へ向かって消えてしまった。

遅い時間とはいっても、路上を行き交う車の数はまだ多い。女の安否を確かめるべく、欄干から上半身を乗りだして下方の様子を覗《のぞ》き見る。

ところが、路上に女の姿はどこにもなかった。

姿どころか、路面に広がる血痕《けっこん》やアスファルトのひび割れなど、女が落下したような形跡すらも見られない。

絶対おかしいと思いながら、それでも懸命に女の姿を探していると、ふいに背後から両の脹脛《ふくらはぎ》をぎゅっと摑《つか》まれた。異変に気づいた次の瞬間、今度は両脚が持ちあげられて身体が水平に浮きあがる。

誰かが自分を歩道橋から投げ落とそうとしているのだった。

顔からさっと血の気が引くのと同時に悲鳴があがって、両脚を滅茶苦茶《めちゃくちゃ》に暴れさせた。するとまもなく、脹脛を摑んでいた感触がふっとなくなり、両脚が路面の上へと戻った。

すかさず背後を振り返ると、そこには誰の姿もない。

ますます恐ろしくなってしまった芹江さんは、その場を大急ぎで立ち去った。

その後、同じマンションに住む顔見知りや、近所に暮らす知り合いなどにそれとなく、件《くだん》の歩道橋について尋ねてみた。

しかし、芹江さんの予想とは裏腹に、過去にあの歩道橋の界隈《かいわい》で自殺や事故といった惨事が起きたという話は聞かれなかった。

ところが、それから半年ほどが過ぎた頃である。

ふとした弾みで、歩道橋に秘められた忌まわしい過去が明らかになった。ある晩、自宅で暇を持て余していた芹江さんは、ネットで自分が暮らす地域のことをあれこれ調べて時間を潰《つぶ》していた。

そうするなかで、たまさか地元に関する話題を匿名で語り合う掲示板を発見する。あの店は何時頃から見切り商品の値引きが始まるとか、どこそこの店が美味《おい》しいとか、娯楽や生活についての書きこみが多かったが、中途半端な伏せ字やイニシャルを使って、特定の個人や団体を誹謗《ひぼう》中傷する書きこみなども散見された。

それらに紛れるようにして、件の歩道橋についての書きこみもあった。昭和四十年代の半ば頃、近くのスナックに勤めていた若い女が深夜、歩道橋の上から身を投げだして亡くなっているのだという。

コメントを投稿した人物は、亡くなった女の顔見知りだったとのことで、女の名前も実名で書きこまれていた。

後日、書きこみの情報を元に改めて調べ直してみたところ、全てが事実だと分かった。この界隈は、人の出入りが激しい土地柄なので、四十年以上も前に起きたスナック嬢の自殺話など、知っている住民は地元にほとんど残っていなかったのである。

模倣体　【対面取材　二〇一六年七月三十日　土曜日】

菜穂さんの友人で、歌代《かよ》さんという女性の体験談も取材させてもらうことができた。

つい昨年のことだそうである。

お盆休みを間近に控えた八月の週末、夜の九時過ぎに自宅マンションへ帰ってくると、リビングに彼氏の姿があった。

彼氏には合鍵《あいかぎ》を渡してあるので、週末などはこうして勝手にあがっていることがある。歌代さんも容認しているので、別にそれ自体は構わない。

ただこの時は、彼氏の様子に不思議な違和感を覚えてしまい、妙に胸がざわめいた。

彼氏はリビングに置かれた、テーブルセットのソファーに座って寛《くつろ》いでいる。ソファーに座る姿勢も、こちらに向けられた顔の笑みも、普段のそれと同じである。

ただ、それでもやはり、何かがおかしい。そんな気がしてならなかった。

優しい顔で「おかえり」と声をかけてきた彼氏に、何食わぬ顔で「ただいま」と返し、それからすぐに「コーヒー淹《い》れるね」と言って、キッチンの隅のほうへと向かった。

そしてポケットからスマホをそっと抜きだし、彼氏の番号をコールする。

スマホの画面では彼氏を呼び出すコール音が鳴っているのに、リビングのほうからはなんの音も聞こえてこない。とたんに背中を氷で撫《な》でられたような悪寒が走る。

そこへ彼氏にかけた電話がつながった。

思わずあがりそうになった悲鳴を押し殺し、がたつく指でスマホを耳に押し当てると、いつもと変わらぬ調子で、「よう。どうした？」と尋ねる彼氏の声が聞こえてきた。

同時にリビングのほうから、どん！　と鈍い音が轟《とどろ》いて、今度は本気で悲鳴があがる。

蒼《あお》ざめながらリビングの中を覗いて見ると、ソファーの上から彼氏の姿が消えていた。

スマホ越しに本物の彼氏へ「今、どこにいるの……？」と尋ねたところ、友達と街へ呑《の》みに出掛けているという。

すぐに店の場所を確認するなり、歌代さんは大急ぎで部屋を飛びだした。

結局、教えてもらった呑み屋に彼氏の姿は確かにあった。

ひとりで部屋に帰るのが恐ろしくて堪《たま》らず、呑み会が終わったあと、彼氏とふたりで戻ることにした。

帰宅後、部屋のどこを探し回っても、偽物の彼氏の姿は見つからなかった。

ただその代わり、なぜか部屋じゅうに線香とおぼしき、甘やかな匂いが充満しており、換気を全開にしても翌日まで匂いはなかなか薄まらなかったそうである。

自然学校【対面取材 二〇一六年八月二十日 土曜日】

歌代さんの従姉妹《いとこ》で優枝《ゆえ》さんという、都内で薬剤師をしている女性の話である。

今から三十年ほど前、優枝さんが小学五年生の時の話だという。

その年の夏休み、優枝さんは民間企業が主催する「自然学校」という催しに参加した。都会の喧噪《けんそう》からつかのま離れ、関東圏の山間地域に位置する緑豊かなキャンプ施設で様々な自然体験を楽しみながら、二泊三日を過ごすのである。

小学校中学年から高学年を対象とした催しで、当日は百人近い子供たちが参加したと記憶している。同じ学校の友人同士や兄弟同士で参加している子供が多かったようだが、そうしたなかで優枝さんは、独りきりでの参加だった。初めのうちは心細かったけれど、初日の昼におこなわれた野外炊爨《すいさん》を体験する頃には、そうした不安も解消された。

「ねえ、あんたもひとりで来たの？ 実はあたしもひとり参加なんだよね！」

同じグループのリーダー役に任命された来美《くるみ》ちゃんという女の子は、優枝さんよりもひとつ年上の六年生で、面倒見がよく、周囲に物怖《ものお》じしない明るい性格の娘だった。

面白い話題を次々と持ちだしながら、野外炊爨のカレー作りを指揮する来美ちゃんに、優枝さんも同じグループの他の娘《こ》たちもあっという間に打ち解け、仲良しになった。

昼食後は「自然観察」という名目で夕方まで自由時間になった。

各自、キャンプ場の敷地内を散策し、珍しい野鳥や昆虫、草花など、心に響くものを見つけて観察するのである。その成果は、指導員から配られたレポート用紙に記入して、あとから提出することになっていた。

来美ちゃんと優枝さんも、同じグループのメンバーを引き連れ、八人ほどの大所帯で敷地内の散策に取り掛かった。

奥深い山中に開かれたキャンプ場の周辺には、爽《さわ》やかな緑に染まる森が広がっている。森の中を通る小道の方々には、小ぶりな花弁を開かせた綺麗《きれい》な花が咲き乱れ、都内では聞いたことのない鳥や虫たちの鳴き声が至るところから聞こえてきた。

胸躍る気持ちで散策を楽しんでいると、森の中の道端に開かれた小さな原っぱの隅に、女の子がふたりいるのが見えた。ふたりとも優枝さんと同じくらいの年頃で、原っぱの隅に横たわる倒木の上に並んで腰をおろしている。

朝方、現地へ向かうバスの中で、参加者は全員自己紹介をさせられていたのだけれど、どちらの娘も記憶になかった。とはいえ、ここへは三台のバスに分乗して来ているので、きっと違うバスに乗っていたのだろうと優枝さんは思った。

来美ちゃんもふたりの姿に気づいて、大きく手を振りながら「ねえ！」と声をかけた。そうしてふたりの許《もと》へ小走りに駆け寄っていく。優枝さんたちもあとに続いた。

倒木の上に腰掛けるふたりの女の子は、どちらも艶々《つやつや》としたまっすぐな黒髪を背中のまんなか辺りまで伸ばした、はっとするほど綺麗な顔立ちの娘だった。ただ、どちらの顔にも笑みはなく、どことなく沈んだような面持ちでこちらに視線を向けている。

「なんか珍しいもの見つかった？　よかったらあたしたちと一緒に遊ばない？」

元気な声で来美ちゃんが誘ったのだけれど、返事は色よいものではなかった。

「別にいい。興味ないから」

互いに短く顔を見合わせたあと、片方の女の子がぼつりとした声で答えた。

切れ長の涼やかな目が印象的な娘で、その声音も顔の表情も、優枝さんとは同年代と思えないほど、静かで大人びた雰囲気を醸しだしていた。

だが、答えを返された来美ちゃんのほうは、彼女が持ち得るそうした雰囲気などより、どうやら彼女から返ってきた冷たい拒絶のほうを、強く感じ取ってしまったらしい。

その証拠に来美ちゃんの表情がゆっくりと、静かに強張《こわば》っていくのが横目に見えた。

「何年生？　ちなみにあたしは五年生なんだけど」

少しでも場を和ませようと思い、今度は優枝さんが切れ長の娘に言葉をかける。

「五年生。どっちもね」

隣に座る女の子にちらりと視線を向けながら、ぶっきらぼうな調子で彼女が答えた。

勝気な雰囲気が漂う切れ長の娘とは対照的に、もうひとりの娘はおどおどした印象で、大きな瞳《ひとみ》を頻《しき》りに泳がせながら、優枝さんたちを不安げな面持ちで見あげていた。

「学年、同じなんだ。ねえ、もしかしてふたりは双子？」

どちらも顔の輪郭や肌の色、髪質がよく似ていた。おまけに着ている服も同じだった。ふたりとも、濃いめの浅葱《あさぎ》色《いろ》に染まった半袖《はんそで》のワンピースを着ている。

細かい部分に差異はあっても、身体つきを含め、大まかな雰囲気はよく似ていたので、二卵性双生児なのではないかと優枝さんは思った。

けれどもその推察は、大外れだった。

「違うよ。ただの親戚《しんせき》」

いかにも面倒くさいといった調子で、切れ長の娘が優枝さんの問いに半ば声を被《かぶ》せて返してきた。取り付く島もないほど冷たいその声風《こわぶり》に、少し気分が減退する。

「なんでもいいけどさ。せっかく誘ってあげてんだから、もう少し愛想よくしたら？」

そこへ来美ちゃんが再び口を開いた。続いてふたりの前にずいと大きく足を踏みだし、威圧的な目つきで上から見おろす。

「それ法律？別にいいって言ったよね。『誘って』なんて、誰も頼んでいないし」

来美ちゃんの恫喝《どうかつ》じみた問いかけにも動じるそぶりさえ見せず、切れ長の娘は彼女の顔をまっすぐ見あげて、吐き捨てるような声風で答えた。

「は？　何イキがってんの、お前」

「あんたこそ、何凄《すご》んできてんの？　バカじゃない？」

切れ長の娘が倒木からすっと立ちあがり、来美ちゃんの顔を真っ向から睨《にら》み据えた。

切れ長の娘の不愛想な態度も大概だとは思ったけれど、来美ちゃんのほうに関してもなんとなく本性が分かった気がして、がっかりした。

彼女は陽気で面倒見のよい娘なのではなく、独善的で調子がいいだけの人物なのだ。機嫌がよい時には、過剰なまでの好人物を演じていられるが、今のように己の機嫌が損なわれたり、思い通りにならない事態が発生したりすると、がらりと人格が一変して、彼女本来の陰湿で攻撃的な人格が露《あら》わになる。

優枝さんが通う小学校にも、ほとんど同じタイプの娘がいるからすぐに察しがついた。その娘は質《たち》の悪い虐《いじ》めっ子でもあったので、そこまでは壊れていませんようにと思った。ただ、いずれにしても厄介な娘と関わることになってしまったな、とは思う。

「ん！　何その本。かっこいいね！」

来美ちゃんと切れ長の娘が睨み合うなか、緊迫した空気に耐え兼ねたグループの娘のひとりが、倒木に座るもうひとりの女の子へ声をかけた。

つられて優枝さんも目を向けると、女の子の膝《ひざ》の上に一冊の本がのせられているのが見えた。女の子は本の上に、白くてか細い両手を大事そうに添えている。

か細い指の添えられた隙間から見える本は、文庫本よりひと回りほど大きいサイズで、表紙はハードカバー。表表紙には、銀色の毛並みを輝かせる大きなペルシャ猫を中心に、色鮮やかな羽で着飾った小鳥たち、宝石細工のように煌《きら》めく昆虫たちや熱帯魚といった動物たちのイラストが大小様々なサイズに描かれ、ずらりと並んでいる。

イラストといっても子供向けのそれではなく、博物画のように繊細で生き生きとしたタッチの画風だった。それに加えて、表紙の縁には金色のリーフ模様がぐるりと四角い枠を描いて箔押《はくお》しされている。英語とおぼしき書名も、同じく金の箔押しだった。その風格はまるで、ファンタジー映画に出てくる魔法の本だった。どこで手に入れた本なのかは知らないけれど、決して安いものでないことだけはすぐに分かった。

そんな素敵で珍しそうな本である。その場にいたグループの娘たちは、みんな中身が見たくて堪《たま》らなくなってきた。倒木に座る女の子の前へと一斉に駆け寄り、声を揃えて「ねえねえ、見せて！」と懇願し始める。

けれども彼女のほうは、みんなに詰め寄られるなり、大きくつぶらな瞳にはっとした色を浮かべ、両手で本をきゅっと庇《かば》うように抱きこんでしまった。

「壊したりしないよ。乱暴にもしないし、ちょっとでいいから見せてよ、ねえ」

「減るもんじゃないんだし、いいじゃん、見せて！　お願いします！」

「ごめんなさい、これはダメなの。見せられないです……」

甲高い声音で頻りにせっつくグループの娘たちに対して、つぶらな目をした女の子は、怯《おび》えた小動物のように身を強張らせ、しだいに泣きだしそうな顔になってくる。

「ケチケチしないで、貸してやったらいいんじゃねえの？　あんたも愛想悪いよね」

そこへ来美ちゃんが、切れ長の娘の前からすっと身体を横に流して、今度はつぶらな目をした女の子の前へ立ち塞《ふさ》がった。

「……これはダメなんです。大事なものだから、人には見せたくないんです……」

「そんなに大事な本なら、こんなとこに持ってくんなよ。嫌みで見せびらかしてるって思われるんじゃねえ？　誤解されたくなかったら、さっさとみんなに見せてやれよ」

「嫌がってんじゃん。さっきからしつこいんだよ、このブス。どっかに失《う》せろ」

　来美ちゃんの恫喝を遮るように、切れ長の娘《こ》が横からぼそりと呟《つぶや》いた。

「あ？　お前、今なんつった？」

　とたんに顔色を真っ赤にして、来美ちゃんが切れ長の娘を上からきっと睨みつける。

「おーい、みなさーん！　自然観察の調子はどうですかあ！」

　そこへ背後から、明るく弾んだ声が聞こえてきた。振り返ると、指導員の若い女性が森の小道に立って、こちらに向かって手を振っていた。

　それを見るなり来美ちゃんは小さく舌打ちをかまし、切れ長の娘から突かれたように身を引き離した。

「行こう」

　かったるそうな声音でみんなに促すと、今度は指導員に向かって無邪気な笑みを拵《こしら》え、「おーい！」と手を振りながら、駆けだしていく。

　その様子を半ば呆《あき》れた心地で見ながらげんなりしつつ、視線を再び倒木の前へ戻すと、つぶらな目をした女の子は両手で本を抱いたまま、声もださずに泣きだしていた。

　切れ長の娘は、その傍らで困ったように眉《まゆ》をひそめ、彼女の顔を見おろしている。

「ごめんね。ほんとはこんなひどいことする気、なかったんだけど……」

優枝さんが頭をさげると、グループの娘の何人かもふたりに謝罪の言葉を向けた。

だが、切れ長の娘もつぶらな目の娘もそれには何も応《こた》えることなく、優枝さんたちに目を合わせることすらしなかった。

その日は再び、ふたりと顔を合わせることはなかった。

夕方に自然観察の時間が終わると、自然学校の参加者たちは、キャンプ場内の北側に面した丘の坂道を登り始めた。二泊三日の宿泊先は、この丘の上に立つ宿泊施設だった。

施設へ戻る時にもふたりの姿は見かけなかったし、施設の中でも見当たらなかった。

来美ちゃんの怒りは、昼間の一件から少しも治まることなく、血眼になってふたりを探していたし、優枝さんたちも強引に探させられていた。

だが、それでもとうとう就寝時間まで、ふたりの姿を見つけることはできなかった。

翌日は朝から午後にかけて、キャンプ場の裏手にそびえる山へ登る予定になっていた。

指導員たちの説明によれば、小学生でも二時間ほどで無理なく登れる、初心者向けの比較的穏やかな道筋の山なのだという。とはいえ、途中には備えつけの鎖を伝いながら進まなければならない急勾配《きゅうこうばい》もあるし、道の片側が高い崖《がけ》に面した危険な場所もあるので、決して油断はしないようにとのことだった。

出発前、施設の前の広場に整列した参加者たちの中に、昨日のふたりの姿を見つけた来美ちゃんは、「どっかで昨日の逆襲をしてやる」と息巻いていた。

けれども登山の間、山道でふたりの姿を見かけることはついぞなく、昼頃に到着した山頂の展望台でお弁当を食べ、再び山道を下ってキャンプ場へ戻ってくる段に至っても、やはりふたりの姿を見ることはなかった。

来美ちゃんは苛々《いらいら》していたけれど、優枝さんのほうは、またぞろ底意地の悪い恫喝やはらはらする舌戦を見せられずに済んで、ほっとしていた。

夕飯を食べ終えたあとは、施設の裏手に面した広場でキャンプファイヤーが催された。

暗闇の中、井桁《いげた》形に組みあげた焚《た》き木から噴きあがる巨大な炎を囲み、みんなで歌を唄《うた》ったり、ゲームをしたりして楽しい時間を過ごす。

そうしてたくさんのゲームに興じるさなか、「猛獣狩りに行こうよ」というゲームで、焚き火の周りをみんなが行き交い、盛んに席替えがおこなわれていた時のことだった。

ふと気づくと、来美ちゃんと優枝さんの間に、つぶらな目をしたあの娘が座っていた。膝の上には相変わらず、例の綺麗《きれい》な本が大事そうにのせられている。

近くを見回してみたが、切れ長の娘の姿は見当たらなかった。

つぶらな目の娘はつかのま、こちらの存在に気づかず、目の前に燃え盛る炎を漫然と眺めていたのだけれど、次の席替えの合図となるゲームの歌が始まったとたん、自分の両脇に座る優枝さんたちにようやく感づき、顔じゅうにはっとした色を浮かべた。

来美ちゃんも彼女の存在にはとうに気づいているようで、満面にえげつない薄笑いを拵えながら眼前の炎をまっすぐ見つめ、ゲームの歌を唄っている。

そして歌が終わり、再びみんなが焚き火の周りを一斉に動き始めた時だった。

来美ちゃんが彼女の本をすばやく引ったくり、焚き火の中へ放りこんだ。緩やかな放物線を描いて宙へ舞った本は、堆《うずたか》く積みあげられた紅蓮《ぐれん》に染まる木組みの奥へと滑りこみ、あっというまに見えなくなった。

つぶらな目の娘が呆気《あっけ》にとられ、両目と口を大きく開いて炎を凝視しているところへ、来美ちゃんが優枝さんの手を取り、焚き木の反対側へ向かって駆けだした。

「ざまあみろ。やってやった。見てたでしょ？　あたしは見事にやってやったから！」

来美ちゃんは荒げた息を弾ませながら、勝ち誇ったような笑みをこぼしてみせた。

キャンプの時間が終わると、交代制になっている入浴の時間を待つ間、来美ちゃんは、優枝さんとグループの娘たちを引き連れ、施設の奥側に面した喫煙室に向かった。別に煙草を吸うわけではないのだけれど、自然学校の期間中、宿泊施設は子供だけの貸し切りになっていたので、喫煙室は常にがら空きだった。

大っぴらにはできないような話をするには、ちょうどよい場所だったのである。

来美ちゃんが優枝さんたちを連れてきた理由は当然ながら、先ほど自分がやらかした質《たち》の悪い武勇伝の一部始終を如実に物語ってみせるためだった。

優枝さんを含む、喫煙室に集まった娘の約半数は、来美ちゃんの行き過ぎた仕打ちに眉をひそめ、形ばかりの同調をして場を取り繕った。

だが、残りの半数の娘たちは彼女の所業を面白がり、露骨なまでに彼女を褒め称《たた》えた。昨日、つぶらな目の娘に「本を見せて」としつこくせっついていた娘などがそうだった。

「ほんとにいい気味だって思うけどさ、でもあいつ、指導員の人とかにチクらないかな。バレたらかなりまずいんじゃない？」

ひとりの娘が、悩ましげな面持ちで来美ちゃんに尋ねた。

「別にチクったらチクったでいいよ。言いわけなんかいくらでも思いつくし、どのみち明日《あした》の朝で解散だしさ。怒られたって、どうせこの場限りのことでしょう？」

長椅子の上にだらしない姿勢で腰をおろした来美ちゃんは、僅《わず》かも焦る気配を見せず、へらへらとした口ぶりで答えた。

けれども、つぶらな目の娘がチクった相手は、指導員ではなかったらしい。

そこへふいに、喫煙室のガラス戸ががらりと大きな音をたてて開かれた。

ぎくりとなって振り向くと、切れ長の目をしたあの娘が、戸口の前に立っていた。

その傍らには、彼女の背中に半ば身を隠すようにして、つぶらな目の娘も立っている。彼女の両目は兎よろしく真っ赤になって、たっぷり泣き腫《は》らしたことがすぐに分かった。

一方、戸口に突っ立つ切れ長の娘は、凄《すさ》まじい怒気を孕《はら》んだ瞳《ひとみ》をぎらつかせ、両肩を角のごとく大きく怒らせながら、来美ちゃんの顔をまっすぐ一点に睨《にら》み据えていた。

　すかさず来美ちゃんも立ちあがり、喫煙室のまんなか辺りまで歩を進めていく。

「何？　なんかあったの？　あったとしても、あたしは何も知りませーん。うえぇー」

　来美ちゃんがせせら笑いしながら、べろりと舌を突きだして見せた瞬間だった。

　周囲の空気がぶわりと大きく揺らいだかと思うと、切れ長の娘が片脚で床を蹴《け》りあげ、憤怒《ふんぬ》の形相を滾《たぎ》らせたまま来美ちゃんに飛び掛かった。

　瞬きをするような一瞬の刹那《せつな》に起こった襲撃に、来美ちゃんは身構えることもできず、彼女が突きだした両腕に胸を強く押され、そのまま床の上へと仰向《あおむ》けになって倒れこむ。

　来美ちゃんが倒れるなり、切れ長の娘は彼女の腹の上にすとんと腰を落とし、両膝《りょうひざ》の内側で腹の両脇を万力よろしく、ぎゅっときつく締めつけるのが見て取れた。

「あっ」と思って背筋がざらついた時には、もう遅かった。

　切れ長の娘は、眉間《みけん》に般若《はんにゃ》のようなしわを刻みつけ、唇を真一文字に引き締めながら、目にも留まらぬ勢いで両腕を交互に振りおろし、平手で来美ちゃんの頬を張り始めた。

　来美ちゃんは抵抗することはおろか、悲鳴をあげることさえできないまま、無防備な両頬へまともに平手打ちを喰《く》らい続けた。

　狭い喫煙室の中に、稲妻を連想させる鋭く乾いた音が絶えることなく次々と弾《はじ》けては、煙草のヤニで黄ばんだ壁に反響して、さらに大きな炸裂《さくれつ》音へと膨れあがる。

　それはひとかけらの加減もない、本気の力だった。頭では彼女を止めようと思っても、凄惨《せいさん》な光景に身体がすっかり竦《すく》みあがって、その場を一歩も動くことができなかった。

他の娘《こ》たちも同じく、平手打ちを喰らい続ける来美ちゃんの姿に視線を釘付《くぎづ》けにされ、石のように固まっている。一体、どうしたらいいかと狼狽《ろうばい》し始めた時だった。

「もういいよ、ヒカリ！　もういいからやめて！」

戸口に立っていたつぶらな目の娘が、絹を裂くような大声で叫ぶなり、切れ長の娘の背中へ覆い被《かぶ》さるように縋《すが》りついた。

「もうダメ。そんなに叩《たた》いたら死んじゃう、その人……」

ヒカリと呼ばれた切れ長の娘は、彼女に縋りつかれてまもなく、振りあげていた腕をぴたりと宙に止め、それから小さくため息を漏らしながら腰をあげた。

優枝さんたちがびくびくしながらその様子を見守るなか、ヒカリとつぶらな目の娘は、こちらに顔を向けることもなく、無言のまま、足早に喫煙室を出ていった。

床の上では仰向けに倒れた来美ちゃんが、両頰を赤黒く腫らして呻《うめ》き声をあげていた。目は涙でぐっしょりと濡《ぬ》れそぼり、右の鼻穴と唇の左端からは鮮血が滴っている。

「医務の人に診てもらおう」と優枝さんが言ったのだけれど、来美ちゃんはのろのろと上体を起こしながら頭《かぶり》を振った。「面倒くさいことになるからいい」と言う。

「今のこと、誰にも話したらダメだからね。家に帰ってからも言わないで」

代わりにきつい声音でみんなに釘《くぎ》を刺すと、ぎこちない動きでようやく立ちあがり、

「お風呂《ふろ》に行こう」と促した。

時計を見ると、そろそろ入浴の時間になりそうだった。

施設の中を行き交う子供たちや指導員たちの視線から、腫れあがった両頬を隠すため、優枝さんたちは来美ちゃんの周りをぐるりと囲みながら、大浴場へ向かった。

不幸中の幸いと言っていいものか、来美ちゃんの頬は冷水でしばらく揉《も》む拉《しだ》くように洗っていくと、赤みは目に見えて薄まり、腫れもだいぶ引いていった。

短く裂けた唇の左端を始め、口内も何ヶ所か歯で切ってしまったようだが、こちらも大した怪我ではなく、このまま放っておいても自然に治ってしまいそうだった。

入浴を終え、パジャマに着替えてからも、なんとなく身の置きどころがなかったのか、来美ちゃんは部屋へと戻ることなく、優枝さんたちを誘って再び喫煙室に入り浸った。

ヒカリたちに関する話題は、誰も口にだすことはなく、代わりに飯盒炊爨《はんごうすいさん》や山登りの思い出といった、当たり障りのない話をしながら時間を過ごした。

そうしてそろそろ就寝時間も近づいてきた頃、暗黙のタブーを破ったのは、他ならぬ来美ちゃん自身だった。

ひとりでトイレに行って帰ってきた来美ちゃんは、「今、廊下であいつらを見た」と、興奮気味に捲《ま》くし立てた。

それがどうしたのかと思ったら、ふたりはまだパジャマに着替えていないのだという。

交代制で割り当てられた入浴時間は、もうとっくに終わっている。

それなのにふたりがパジャマに着替えていないということは、消灯してからふたりでこっそり風呂へ入るつもりなのではないかと言う。

「それであんたたち、一生のお願いなんだけど、あたしに力を貸してくれないかな？」

未《いま》だに薄赤く腫れた顔じゅうに哀れっぽい色を滲《にじ》ませ、来美ちゃんが頭をさげた。

消灯前の点呼が終わると、優枝さんたちはすばやく部屋を抜けだし、大浴場の近くに位置するトイレへ向かった。

来美ちゃんの要請に応じて集まったのは、優枝さんを含めて四人。

他の娘たちは「これ以上、付き合うのは怖いから」と言って、要請を断っていた。

本当は優枝さんもこれ以上、来美ちゃんのすることに関わりたくなかったのだけれど、苦渋の末に泣く泣く付き合うことに決めた。

先刻、喫煙室で聞いた話では、「ちょっとからかってやるだけ」ということだったが、人が大事にしている本を平気で炎の中へ放りこむような娘である。今度は「ヒカリ」にどんなことをするつもりなのか、想像しただけで身の毛のよだつ思いがした。

彼女の要請に応じた他の三人も、キャンプファイヤーでの来美ちゃんの「武勇伝」に声をあげて笑っていた娘たちだったし、ますます嫌な予感がしてならなかった。だから来美ちゃんたちのそばにいて、とんでもない事態になりそうになった場合には、迷わず指導員に救けを求めようと考えていた。

本当ならこんな回りくどいことなどせず、キャンプファイヤーの一件から洗いざらい、指導員に打ち明けられればよいのだけれど、そんな勇気の持てない自分が情けなかった。

来美ちゃんの、もはや「命令」と言っても差し支えのない指示の下、優枝さんたちはトイレの入口から交替で顔をだし、大浴場へヒカリたちがやってくるのを待ち始めた。来美ちゃんの推察は見事に当たり、トイレで張り込みを始めて三十分もしないうちに、ヒカリとつぶらな目の娘が廊下を並んで歩いてくるのが見えた。

　ふたりが大浴場の中へ消え、五分ほど待ったあと、来美ちゃんが「行こう」と言ってトイレを出た。優枝さんたちもあとに続いて大浴場へ向かう。

忍び足で脱衣所へ入ると、備えつけの籠《かご》にふたつ並んで、綺麗《きれい》に折り畳まれた衣服と下着が入っているのを見つけた。籠の中には、着替えのパジャマと下着が詰めこまれたトートバッグも置かれている。

「ちょっとからかってやるだけ」という話であれば、たとえばふたりの衣服を隠したり、引き裂いたり、何か意地の悪い悪戯《いたずら》をするつもりなのかなと、優枝さんは思った。

けれども来美ちゃんの考えた「ちょっと」は、そんなに生易しいものではなかった。来美ちゃんは優枝さんたちをさらに促し、忍び足のまま浴場のほうへと進んでいった。入口のガラス戸から中の様子をそっと覗《のぞ》き見ると、濛々《もうもう》と湯煙が立ちこめる浴場内では、ヒカリとつぶらな目の娘がこちらに背を向け、洗い場の椅子に並んで座っていた。

　髪型も身体つきもよく似ているので確信は持てなかったものの、雰囲気から察するに、妍《しな》やかな指さばきでそつなく髪を洗っているのがヒカリで、どこかぎこちない手つきでのろのろと身体を洗っているのが、つぶらな目をした娘だと思った。

来美ちゃんはふたりの様子を一頻《ひとしき》りうかがうと、静かにこちらへ向き直り、囁《ささや》き声で「うしろから襲うから手伝ってね」と言った。

あとは有無を言わさず静やかに戸を開け、ひたひたと足音を忍ばせながら、ふたりの背後へ近づいていく。他の娘たちもそれに続き、優枝さんも仕方なくあとに続いた。

迷いのない足取りで浴場内を突き進んでいった来美ちゃんは、髪の毛を洗う女の子の背後へ着くなり、彼女が腰掛けていた風呂椅子を思いっきり前へ向かって蹴り飛ばした。腰から椅子が弾《はじ》きだされた反動で、彼女の身体は虚空に浮かびながらぐらりと仰《の》け反り、そのまま冷たく固い床の上へと投げだされる。

苦悶《くもん》の呻きをあげながら仰向けに倒れた顔を見ると、やはり彼女はヒカリだった。

来美ちゃんは倒れたヒカリの両腕に手をかけ、水道の真下へ向かってくるりと身体を回転させた。

「押さえて」

来美ちゃんに目配せされた娘がふたり、すかさずヒカリの身体を押さえつける。

そこに至って、隣の椅子で身を強張《こわば》らせていたつぶらな目の娘が悲鳴を張りあげた。

「そっちも！」

怒号のような来美ちゃんの合図に、残りの女の子がつぶらな目の娘の背後へ回りこみ、両手で身体と口元を押さえこむ。優枝さんも怖《お》じ怖《お》じしながら彼女の肩に軽く手をかけ、形ばかりの拘束を装った。

「お前、なんのつもりよ。ふざけんな……」

「猛獣狩りに来たんだよ」

呻き声をあげて凄《すご》むヒカリを見おろしながら、来美ちゃんが陽気な声で言葉を返した。

続いてヒカリの顔の真上に伸びる蛇口の栓を思いっきり捻《ひね》る。

とたんに大滝のような勢いで吐きだされた大量の水道水が、ヒカリの顔面を直撃した。

ヒカリはくぐもった声をあげながら激しく首を振り乱し、水から逃れようとし始めたが、大した成果は得られず、冷たい水が顔じゅうに容赦なく降り注がれていく。

「あっ！　見てこれ、何？　気持ち悪ッ！」

来美ちゃんの水責めが始まってまもなく、ヒカリの身体を押さえていた娘のひとりが素《す》っ頓狂《とんきょう》な声をあげ、顎《あご》の先で彼女の胸の辺りを指し示した。

見ると、胸のちょうどまんなか、小さく膨らんだ乳房の間に、赤黒い痣《あざ》が浮いていた。

痣は妙な形をしていて、五本の指を薄く開いた、小さな人の手形のように見えた。

「手じゃねえ？　つか、絶対に手の跡だろ、それ！　気持ち悪《わり》ぃ！」

ヒカリの胸を見るなり、来美ちゃんがしかめ面を拵《こしら》え、わざとらしい声音で叫ぶ。

「ねえ、見て！　こいつの胸にもおんなじのがある！　なんなのこれ！」

そこへ、優枝さんと一緒につぶらな目の娘を取り押さえていた女の子が、彼女の胸を指差しながら喚《わめ》き始めた。彼女が示したとおり、つぶらな目の娘の胸元にも、赤ん坊の手のひらを思わせる、小さな赤黒い痣が浮いていた。

「お前らがみんなと一緒にお風呂に入らなかった理由ってこれ？　確かに入浴タイムにこんなもん見せられたらキモくて迷惑だけど、そもそもなんなのこのグロい痣？」

　来美ちゃんがヒカリに尋ねたけれど、彼女は素っ裸の身体を滅茶苦茶《めちゃくちゃ》に捩《よじ》らせながら、顔面に降り注ぐ大量の水から逃れるのに必死で、まともな言葉は返ってこなかった。

　一方、つぶらな目をした娘《こ》は、凄惨《せいさん》な水責めを受けるヒカリの姿にショックを受けてべそべそと泣きだしてしまい、こちらからも答えは何も返ってこなかった。

「答えられないんなら、まあいいや。キモい人種の紋章みたいなもんだと思っとくから。そして、こっちのほうもそろそろいいか」

　がぼがぼと濁った水音混じりの呻《うめ》き声を絞りだしながら、顔の上に水柱をおっ立てるヒカリをにやつき顔で満足げに見おろし、来美ちゃんが蛇口の栓を絞った。

　水が一滴残らず止まった瞬間、来美ちゃんはすかさずヒカリの腹の上へ馬乗りになり、彼女の頬を平手で四発、情け容赦ない力で立て続けに張った。先刻までばしゃばしゃと騒がしかった水音の代わりに、鋭く乾いた音が浴場内に響き渡る。

「今回は特別にこれぐらいで勘弁してやるよ。少しは目上の怖さが分かったか？」

　来美ちゃんが、ヒカリの傍らにしゃがみこんで凄んだのだが、彼女のほうは床の上に寝転がったままゲホゲホと咳《せ》きこむのが精一杯で、うんともすんとも答えなかった。

　優枝さんたちが浴場から脱衣所のほうへ戻り始めると、つぶらな目の娘が大泣きしてヒカリの傍らに座りこみ、手を握りながら頻りに名前を呼ぶのが肩越しに見えた。

翌日は、朝食後に施設内の遊歩道を軽く散歩。その後に宿泊施設の前広場で開かれる閉会式を済ませることで、二泊三日にわたる自然学校の全てが終わる。

優枝さんは起床した時から、一分一秒でも早く家に帰りたい気持ちになっていた。昨夜は強い罪悪感と後ろめたさに苛《さいな》まれ、なかなか寝つくことができなかった。

大浴場での水責めは、その場に舞い降りた異様な緊迫感にすっかり気圧《けお》されてしまい、結局何もすることができなかったし、あとから指導員に報告することもできなかった。

逆にその指導員たちへ、ヒカリたちが大浴場での被害を報告したらどうしようという気持ちも湧きたち、多大にそわそわさせられる羽目にもなった。

一方、寝不足気味で朝を迎えた優枝さんとは対照的に、諸悪の元凶たる来美ちゃんと昨夜の暴行に加担した仲間たちは、いずれも朝からテンション高めで上機嫌だった。

施設内の食堂でバイキング形式の朝食を山盛りにして、下卑た馬鹿笑いを交わし合う来美ちゃんたちの姿を見ていると、それだけでもう吐きそうになってくる。

もはや片時たりとも一緒にいたくない気持ちだったのだが、あいにく同じグループに割り当てられている都合上、閉会式まで行動を共にしなければならなかった。

お願いだからもうこれ以上、余計なトラブルだけは起こさないで。

腹の中で必死の祈りを捧《ささ》げながら、優枝さんは来美ちゃんたちと一緒に朝食を済ませ、暗澹《あんたん》たる気持ちで施設の周りを囲む遊歩道の散歩に付き合った。

そうしていよいよ、待ちに待った閉会式の時間が訪れた。

小高い丘の上にある宿泊施設の前広場は、見晴らしのいい眺望を最大限に利用すべく、転落防止の鉄柵《てっさく》が連なる斜面側のほうに演説台が置かれている。

演説台に誰かが上ってスピーチをするたび、その背後に広がるキャンプ場の緑豊かな風景と、遠くに霞《かす》む山々の姿を楽しめるという趣向になっていた。

とにかく一刻も早く家に帰り着きたい優枝さんとしては、雄大な景色も指導員たちのスピーチも今さらどうでもよいことだった。

だが、折悪しく閉会式のスピーチは指導員たちの他、各グループのリーダーたちまでおこなう流れになっていた。多大な時間の浪費にやきもきさせられる。

いずれも恭しい顔つきで代わる代わる朝礼台に登壇し、こうした時のお定まりである「協力することの大切さを学びました」や「自然の美しさに感動しました」などという、薄っぺらい感想がリーダーたちの口から次々と判で押したように述べられる。

残り人数を心の中で苛々《いらいら》しながらカウントしつつ、一刻も早いスピーチの終了を希《ねが》う。

そうしているうちに来美ちゃんの順番がやってきた。やはり浮かれた表情で朝礼台へ舞いあがり、賑々《にぎにぎ》しい声音でスピーチを始める。

「この二日半の間、今回の自然学校で体験したたくさんのことは全部、あたしにとって、そしてみんなにとっても、きっとかけがえのない思い出になることだと思います！」

「調理の苦労も美味《おい》しいスパイスになった、野外炊爨《すいさん》のカレーライス！」

「珍しい草花や鳥たち、虫たちの姿にはっと息を呑んだ自然観察のひと時！」

「グループの仲間たちと声を掛け合い、励まし合って達成した山登り！」

「たくさんのゲームを通じて、みんなとの絆《きずな》を深め合ったキャンプファイヤー！」

広場に並んだ参加者たちをきらきらした目で見おろし、熱っぽい調子で次から次へと歯の浮くような美辞麗句を捲《ま》くしたて、いかにも模範生的な振る舞いを演じてみせる。

その快活で健やかそうな雰囲気からは昨夜、ヒカリにリンチをおこなった時に見せた気振りなど、微塵《みじん》も感じ取ることができなかった。つくづく質《たち》の悪い娘だと思う。

半ば呆《あき》れながらほとんど聞き流しているうちに、ほどなくスピーチはまとめの段階に入ろうとしているようだった。早く終わってほしいと思いながら、引き続き聞き流す。

　ところがそこで、来美ちゃんの声のトーンがふいに変わった。

「ソンなワけでアタシはこコにずっといタい！　でキレば鳥になリたイでス！」

声音が急に甲高くなって、抑揚も日本語の発声を忘れたかのようなぎこちない調子に切り替わる。まるでロボットが喋《しゃべ》っているかのような印象だった。

加えて目の焦点も合わなくなり、唇はだらりと弛緩《しかん》して半開きになる。

指導員を始め、参加者たちも異変に気づき、広場が俄《にわ》かにざわめき始めた。

「なりマすネ！　羽ばタキまス！　見てイテくダさイ！　飛びマすカらッ！」

満面に貼りついたような笑みを浮かべ、来美ちゃんが絶叫する。

そのままくるりと身をひるがえすなり、来美ちゃんは一足飛びで朝礼台から飛びおり、周囲が「あっ」と思った時には、さらにその背後に連なる鉄柵を飛び越えていった。

青ざめながらみんなで柵まで駆け寄り、向こう側を見おろすと、青草にまみれた丘の急斜面から二十メートルほど下った地面に、来美ちゃんが仰向《あおむ》けになって倒れていた。意識がないらしいことは遠目からでもすぐに分かったのだけれど、さらによく見ると右腕と左脚が、胴に対してあらんほうへと向いているのも確認できた。

右腕は肘関節《ひじかんせつ》とは逆向きのVの字に、左脚はくの字にばきりと折れ曲がっている。

たちまち周囲で空気を張り裂くような悲鳴が巻き起こり、指導員たちの数人が血相を変えて坂道を駆けおりていく。その場に残った指導員たちから「見るな!」と怒鳴られ、背後へ押しのけられたが、素直に従う者は少なかった。柵の手前付近には興奮しきった子供たちがひしめき群がり、先刻まで和やかだった閉会式のムードは一転、騒然とした空気に包まれていく。

そうして優枝さんも、指導員たちと周囲の子供たちに身体をもみくちゃにされながら、徐々に柵からうしろへ身を引き戻されていくさなかのことだった。

混乱しきった子供たちの中にたまさか、ヒカリとつぶらな目の娘の姿を見つけた。

ふたりは周囲の子供たちに紛れて横並びに突っ立ち、視線を柵のほうへと向けていた。ヒカリは目元に険しい色を浮かべながらも、すらりとした身構えで立ち尽くしていたが、つぶらな目の娘はおろおろした様子で両手を胸に抱き、内股《うちまた》気味に立ち竦《すく》んでいる。

それ自体は特におかしなところはないのだけれど、つぶらな目の娘が胸に抱いているものを目にしたとたん、なぜだか優枝さんは肌身がみるみるうそ寒くなってしまった。

彼女が抱いていたのは昨夜、来美ちゃんがキャンプファイヤーにくべたあの本だった。

表紙を彩る動物たちのイラストといい、表紙の縁を取り囲む金色のリーフ模様といい、

それはどう見ても彼女が初日から大事に抱えていた、あの本だった。

同じ本をもう一冊持っていたとは、どうしても考えることができなかった。

ならばあの本は、一体どうやって彼女の手元へ戻ってきたというのだろう。

どれほど考えても答えは出ず、代わりに得体の知れない不気味さばかりが募っていき、しだいにふたりの姿を直視することさえできなくなってしまった。

その後、閉会式は途中であえなく打ち切られ、参加者たちは別れの挨拶《あいさつ》もそこそこに、無理やりバスに詰めこまれるような形で家路に就いた。

だから来美ちゃんがあの後、どうなったかについては、今でも知らないままだという。

加えて、件《くだん》のヒカリとつぶらな目の娘についても、くわしい素性は不明のままである。

ただ、ふたりの胸に浮かんでいた、赤ん坊の手のひらを思わせる奇妙な痣《あざ》については、今でもその仔細《しさい》をはっきりと覚えている。

それに加えて優枝さんは、来美ちゃんの不可解な転落とふたりの存在が、まったくの無関係ではないだろうということも薄々抱き続けたまま、今現在に至るのだという。

般若《はんにゃ》びと【対面取材 二〇一六年八月三十日 火曜日】

優枝さんの友人・麻利絵《まりえ》さんが、高校時代に体験した話だという。

朝から絹糸のような小雨が頻降《しきふ》る、梅雨時のことだった。

放課後、自宅を目指していつもの住宅地を歩いていると、細い路地のはるか向こうに奇妙な人影が立っているのが目に入った。

白い着物姿の人物で、顔には般若の面を被《かぶ》っている。華奢《きゃしゃ》な身体の線から推し量るに、どうやら女性のようだった。年代まではよく分からない。

般若の面を被った女は、こちらから二十メートルほど離れた民家を囲う生垣の角から、半身をだすような形で突っ立っている。

面を被っているせいで視線は読めないものの、顔をこちらへまっすぐ向けているので、自分のことをじっと見ている可能性が高かった。

おまけにこの雨のなか、女は傘も差していない。気味が悪くて仕方なかった。

あんな不審者の前を横切って帰宅するのは、あまりにもリスクが大きすぎると感じた。多少面倒ではあっても、安全のほうを優先にと考える。

回り道をするため、一旦《いったん》道を引き返すべく、今来た道の背後へくるりと踵《きびす》を返す。

振り返った目と鼻の先には、真っ白い顔をした般若の面が視界いっぱいを埋め尽くし、こちらをじっと見つめていた。

悲鳴をあげて飛びあがるなり、あとはなりふり構わず、死に物狂いで逃げだした。

這《ほ》う這《ほ》うの体でどうにかようやく帰宅すると、玄関口まで迎えに出て来てくれた母に、今しがた自分が見たものをくわしく話して聞かせた。

「嫌だ、気持ち悪いわね」と顔をしかめる母に、麻利絵さんも「だよね」と相槌《あいづち》を打つ。

「お化けかな?」と首を捻《ひね》る麻利絵さんに、母は「そうかもね」と答えた。

「なんだかよく分からないけど、きっと縁起のよくないものなのよ」

眉根《まゆね》をひそませ母が呟《つぶや》いた直後、その場にばたりと倒れて動かなくなった。

検査の結果、脳梗塞《のうこうそく》とのことだった。

幸い、生命に別状はなく、後遺症も残ることはなかったが、麻利絵さんも彼女の母も未《いま》だにその原因を、麻利絵さんが般若の面を被った女に出くわしたからだと考えている。

女のくわしい素性については定かでないが、遭遇した者とその身辺に不幸をもたらす疫病神のようなものではないだろうか、とのことである。

じたばた【対面取材　二〇一六年九月三日　土曜日】

麻利絵さんの紹介で、親戚《しんせき》の真平《まひら》さんを紹介してもらうことができた。

今から三十年ほど前、真平さんが小学四年生の時に体験した話である。

冬休みのある日、彼の両親が、遠方に住む親類の葬儀に参席するため、泊まりがけで家を空けることになった。その間、真平さんとふたつ年下の弟は、都内の西外れにある父方の実家へ預けられることになった。

父方の実家は、農園地帯の片隅に立つ大きな構えをした屋敷で、敷地内には今現在の母屋《おもや》の他にも、以前母屋に使っていたという二階建ての古びた木造家屋がある。

しばらくは持参したゲームで遊んだり、漫画を読んだりして時間を潰《つぶ》していたのだが、夕方近くになると飽きてしまい、暇を持て余すようになってしまった。

居間でテレビを観ていた祖母に「何か面白いものはない？」と尋ねたところ、祖母は「だったら、古い母屋のほうにいろいろあるんじゃないかしら」と返してきた。

祖母の語るところによると、古い母屋の二階には、彼らの父が子供時代に遊んでいた玩具《おもちゃ》や漫画が、おそらくまだ残っているはずだという。

思わぬ朗報に喜んだ真平さんと弟は、さっそく古い母屋へと向かった。

　すでに日暮れ時を迎えつつある戸外は、薄《う》っすらと陰り始めていた。古い母屋の中は、カーテンと雨戸が閉めきられているせいで外よりも一層暗く、あまり長居をしたくない雰囲気だった。二階へ続く階段を足早に上り始める。

ところが階段を半分ほど上った辺りで、真平さんと弟の足がぴたりと止まった。

二階のほうから、何やら物音が聞こえてきたからである。

ごとごと、ばたばたと、何かが床の上をのたうち回るような音だった。

音はどうやら、階段にいちばん近い二階の一室から聞こえてくる。

弟と顔を見合わせ、「どうしよう？」と目配せをすると、怯《おび》えた顔を浮かべながらも無言で弟はうなずいた。忍び足で踏面を上り、二階の部屋へと近づいていく。

階段を上りきり、襖《ふすま》でぴたりと閉ざされた部屋の前に立つと、得体の知れない物音はやはり、中からはっきりと聞こえてきた。

　意を決して襖を細く開き、そっと中を覗《のぞ》いてみる。

カーテンの閉まった薄暗い部屋の中では、白いドレスを着た小さな女の子とおぼしき人影が、手足をばたばたさせながら畳の上を転げ回っていた。

一瞬、ぎょっとなって竦みあがったものの、引きつけを起こしてもがいているような動きだったので、驚きと同時に心配にもなり、身体が勝手に動いてしまった。

　襖を勢いよく開け放ち、部屋の中へと駆けこんでいく。

とたんに女の子の動きがぴたりと止まった。

どきりとなりつつ傍らまで近づいた瞬間、真平さんと弟は驚きの悲鳴を張りあげた。

畳の上に転がっていたのは、白いドレスを着た人形だった。

長いストレートの黒髪をしていて、ちょうど幼稚園児ぐらいの背丈がある。

人形は、仰向《あおむ》けの状態で手足を滅《め》茶苦《ちゃく》茶《ちゃ》に乱れさせた姿勢のまま、ぴくりとも動かず、虚《うつ》ろな瞳《ひとみ》で暗い天井を見あげていた。

真っ青になって祖母の許《もと》へと駆け戻り、事情を説明したのだけれど、祖母はまともに取り合ってくれなかった。

だが、真平さんたちがしつこく食い下がると、やがて重い腰をあげ、真平さんたちと古い母屋まで同行してくれた。

二階の一室に転がる人形を見た祖母は、「こんな人形なんか見たことない」と言った。父の実家は、父を含めて全員男兄弟なので、女の人形を買い与えた記憶もないという。

結局、人形の正体は分からずじまいだったのだけれど、「気味が悪い」ということで、その日のうちに祖母がどこかへ捨ててきた。

祖母に抱えられて母屋から運びだされる段に至っても、やはり人形はかたりとも動くそぶりを見せなかった。

しかし、当時から数十年の月日が経った今でも真平さんの頭には、薄暗い部屋の中でばたばたと手足を振り乱して転げ回る人形の様子が、生々しく残っているのだという。

赤い靴下【対面取材　二〇一六年九月十八日　日曜日】

真平さんの勤め先の後輩で、草島《くさじま》さんという男性が体験した話である。

二年前の秋口、草島さんは奥さんとふたりで、神奈川県の山間部に位置するロッジへ泊まりに出かけた。

現地に到着すると、同じ敷地内に同型の建物が五棟ほど立っているのが確認できたが、まだまだシーズン中だというにもかかわらず、誰も泊まっている者はいなかった。

少々寂しい感じはしたものの、やたらと騒がしいよりはマシだろうと気分を切り替え、静かな環境で焚《た》き火やバーベキューを楽しみ、時間を過ごすことにする。

ロッジの前に熾《おこ》した火を消し、本格的に中へ入ったのは、徐々に外が冷えこんできた午後の九時過ぎのことだった。

板張りになった部屋の床のまんなかに奥さんが布団を並べて敷いてくれ、布団の上で一時間ほど酒盛りの続きを楽しんでいたのだが、先に奥さんが寝落ちしてしまったため、草島さんもまもなく電気を消して布団に入った。

いつものごとく布団の中で仰向けの姿勢をとり、胸の上で手を組みながら目を閉じる。ところが眠り始めてまもなく、目蓋《まぶた》の裏に妙な映像が映り始めた。

それは、赤い靴下を穿《は》いた女性とおぼしき生白い脚で、目蓋の裏のどす黒い闇の中にくっきりとした像を結んで映しだされた。

数は二本ではなく一本。靴下の丈は脹脛《ふくらはぎ》の中ほど辺り。

見えるのはあくまでも脚だけで、太腿《ふともも》から上は、切られたように何も見えない。

赤い靴下を穿いた脚はまるで、水揚げされたエビのごとく盛んに膝《ひざ》を前後に折り曲げ、真っ暗闇に染まった目蓋の裏を頻《しき》りにのたうち回っている。

何も意図して見ているわけではないのだが、目蓋の裏に突如として映りだした映像は妙に生々しく、見るのをやめようと思っても一向に消えてくれる気配がなかった。

このあまりにもシュールな画《え》は、一体なんだというのだろう。

目蓋の裏にこんなものが見えてしまうほど、今夜は呑《の》んでしまったのだろうか。

疑念に駆られながら、のたうつ脚を見つめていると、ふいに隣から「危ないッ!」と叫ぶ声が聞こえてきた。はっとなって目を開けた瞬間、さらにぎょっとなって色を失う。

電気の消えた暗闇の天井から、赤い靴下を穿いた足の裏が、草島さんの顔面めがけて凄《すさ》まじい勢いで降り落ちてくるところだった。

ほとんど反射的に身体がごろりと横に転がり、布団の外へと身が飛びだす。

その直後、草島さんの顔があった枕の上で「どん!」と大きな音が轟《とどろ》いた。

床へと転がりだした身体を起こして布団のほうへ振り返ると、暗闇の中で赤い靴下を穿いた女の足が、枕の真上をべったりと踏みつけているのが見えた。

　草島さんが悲鳴をあげるなり、脚は天井へ向かって吊《つ》られるようにさっと浮きあがり、闇に紛れてたちまち見えなくなっていく。
「ねえ、こんなところで寝たくない。車の中で寝ましょうよ……」
脚が消え去るのと入れ替わるようにして、隣の布団で寝ていた奥さんが上体を起こし、真っ青な顔で草島さんに訴えた。

　車に戻ってからくわしく話を聞いていると、奥さんも件《くだん》の脚を見ていたのだという。先ほど眠りに就いてまもなく、部屋のどこからかふと、妙な気配を感じて目が覚めた。気配の元を探って暗闇の中へ視線を巡らせていくと、草島さんが寝ている布団の真上に、赤い靴下を穿いた女の脚がぶらさがっているのが目に入った。脚はあたかも、猫が獲物に飛び掛かろうとするかのように、草島さんの顔に向かって真っ赤な足首を頻りに前後へ揺らしていた。とたんに嫌な予感を覚えて声をかけた直後、草島さんの顔めがけて脚が降り落ちていったのだという。

　奥さんの意見と同じく、あんなところに朝までいられる自信はまったくなかった。

　本当はすぐに車をだして帰りたかったのだけれど、ふたりともすでに呑んでいたため、泣く泣く車の中で夜明かしする羽目になったのだという。

わたしだった【対面取材　二〇一六年九月二十二日　木曜日】

草島さんの姉、日菜子《ひなこ》さんから聞かせてもらった話である。

四年ほど前に日菜子さんが、胃腸炎で入院した時のこと。

入院から数日経った夜半過ぎ、寝苦しくて目覚めた日菜子さんは、病室を抜けだしてトイレへ向かった。点滴スタンドを押しながら、薄暗く静まり返った廊下を歩いていく。すると、廊下の向こうから看護師がこちらへ向かって歩いてくるのが見えた。特に意識することもなくそのまま進んでいったのだけれど、互いの距離がだんだんと近づき、向こうの仔細《しさい》が分かってきたとたん、「え？」となって脚が止まった。

こちらに向かって歩いてくるのは、白衣姿の日菜子さん自身だったからである。

一瞬、他人の空似と思ったのだけれど、相手は身長や身体つきまで自分と寸分違《たが》わず同じだったので、嫌でも自分と認めざるを得なかった。

白衣を着たもうひとりの自分は、能面のように無表情な顔をして日菜子さんの真横を無言で通り過ぎていった。恐る恐る振り返ってみると、すでに姿は消えていたという。

翌日から退院までの間、消灯後には絶対トイレには行かなくなったそうである。

どこ行った？【対面取材　二〇一六年九月二十二日　木曜日】

日菜子さんの取材に同席した恋人の谷《たに》さんからも、話を聞かせてもらうことができた。

ある日の夜遅く、スポーツジムで汗を流した谷さんは、近くにある銭湯へ立ち寄った。ひと風呂《ふろ》浴びて、浴場内にあるサウナへ入ると、中には老人がひとりいるだけだった。見てみると老人は、両肩から先がなく、脚も両方、太腿《ふともも》の半分辺りから欠損していて、室内のベンチに達磨《だるま》のごとく、どっしりと腰をおろしている。

とても自力で歩けるような体形とは思えず、暑くなってきたらどうやって出るのかと考えたのだが、おそらく近くに付き添いの人間がいて、迎えに来るのだろうと思った。

老人から少し離れた場所に座り、ゆったりとした心地で熱気を堪能《たんのう》し始める。その間にも老人は、まっすぐ前を見ながらベンチの上に座り、微動だにしなかった。

そうして十分近くも腰掛けていると、汗が全身から次々と玉のように噴きだしてくる。額からも汗が流れて目に入ってくるので、タオルで顔をごしごしと拭《ぬぐ》った。

拭い終えてタオルを離すと、老人の姿が消えていた。ほんの一瞬の出来事だった。

嘘だろうと思ってすぐにサウナを飛びだし、浴場内をつぶさに見て回ったのだけれど、結局老人の姿を見つけることはできなかったという。

あるいは犯人【対面取材　二〇一六年十月九日　日曜日】

谷さんの友人で会社員の鍵本《かぎもと》さんが、こんな体験をしている。

鍵本さんが高校二年生の時のこと。

夕方、いつもの通学路を歩いていると、住宅地のブロック塀の前に黒山の人だかりができているのが目に入った。

辺りに漂う焦げ臭い匂いとともに、人山の向こうには黒い煙が濛々《もうもう》と立ちこめている。この界隈《かいわい》では珍しい光景なので、何事が起きたのかと思い、俄然《がぜん》興味が湧いてしまう。人ごみを強引に掻《か》き分けていくと、眼前には真っ逆さまに引っくり返った軽乗用車が民家のブロック塀に鼻先を突っこんで黒煙をあげていた。

運転席には血まみれになった男の姿もあり、やはり逆さになって車中に挟まれている。意識はなくなっているようで、一目して生半《なまなか》な事故でないことは分かった。

現場を囲む野次馬たちの話しぶりからすると、救急車はすでに誰かが手配済みらしい。現場に他の車や怪我人の姿が見当たらないことから、どうやら自爆事故らしかったが、いまいち状況が呑みこめず、車の周囲に視線を巡らせてみる。

すると、まもなく妙なものに目が留まってぎょっとなった。車が逆さに突っこんだブロック塀の上に、女が立っていた。長い髪をざんばらに乱した若い女で、丈の長い灰色のワンピースを着ている。関係者にしても野次馬にしても妙な立ち位置だし、第一、顔つき自体が妙だった。女はまるで、怨敵《おんてき》に向けるような険しい眼差《まなざ》しで、眼下に転がる車を睨《にら》みつけている。とても事故車と怪我人を見るような顔には見えない。

あまりにも場違いなその姿に、一体何者なのだろうと思ったのだが、よく見てみると周囲に群がり集う野次馬たちは、いずれも事故車と運転手のほうに視線を注ぐばかりで、女の姿を気にする者など、誰ひとりとしていないようだった。しだいに背筋へぞくぞくと厭《いや》な寒気を感じ始めたところへ、女がこちらへ首を向けた。険しい目つきで鍵本さんを見つめながら、大きな口を真一文字にばっくりと広げ、とてつもなくおぞましい笑みを浮かべてみせた。たちまちぎくりとなって身を引いた瞬間、女は風に吹かれた煙のように輪郭が揺らぎ、そのまま塀の上から忽然《こつぜん》と姿を消してしまった。

のちに車は単独の自爆事故で、運転手は死亡したことをニュースで知った。

だが、現場で得体の知れない女を目撃している鍵本さんは、今でもあの女が何かしら、件の事故に関係していたのではないかと思えて仕方がないのだという。

おいでおいで【対面取材 二〇一六年十月十五日 土曜日】

鍵本さんからの紹介で、恋人の素美《すみ》さんからも話を伺わせてもらうことができた。

三年前の夏、素美さんが友人とふたりで神奈川県の某山へ山登りへ出かけた時のこと。夕暮れ近くに山をおり、最寄りのバス停を目指してうら寂れた田舎道を歩いていると、雑木林に面した道端に花と線香が供えられているのが目に入った。

初めは交通事故現場かと思ったのだが、どうやら違うらしかった。

献花と線香の向こうには、幼児の背丈ほどの高さをした古びた石碑が立っている。

石の表には、何やら文字が彫られているのだけれど、溝は擦れてぼやけているうえに、ところどころに苔《こけ》が被《かぶ》さり、読み取ることができなかった。

「なんだろうね？」と友人に尋ねても、彼女も「知らない」とのことだった。

石碑の前から再び歩きだしてまもなくすると、隣を歩いていた友人がふいに脚を止め、背後に向かって大きく「おいでおいで」と手招きをした。

「こうするとね、うしろから霊がついてくるんだって」

おどけた笑みを浮かべて話す友人に「やめてよ！」と憤慨する。

折しも日差しはますます翳《かげ》りを帯びて、辺りが藍色《あいいろ》の薄闇に染まりつつある頃だった。周囲に人通りもまったくないため、にわかに怖くなってきた素美さんは、血相を変えてバス停までの道のりを急いだ。

異変が起きたのは、その日の夜のことだった。

帰宅後、自宅マンションの寝室で寝入っていると、窓のほうから聞こえてくる不審な物音で目が覚めた。

はっ、はっ、はっ、はっ、はっ、はっ、はっ、はっ、と小刻みに繰り返される鋭く乾いた音で、どことなく犬の呼吸音を彷彿《ほうふつ》させるものだった。

音はカーテンに隔てられた、窓の向こうから聞こえてくる。

窓の向こうはベランダである。部屋はマンションの七階にある。

誰かがいるのだとしたら、不法侵入ということになる。

つかのま、どうしようかと悩んだ。すぐに警察へ通報しようかとも考えたのだけれど、万が一、勘違いだったら気まずい思いをすることになる。それは不本意だった。

やはり、まずは自分の目で状況を確認すべきと思い、静かにベッドを抜けだした。

忍び足でカーテンの閉めきられた窓まで近づき、しっかり鍵《かぎ》が掛けられていることを確認する。続いて窓の端まで移動し、細く開けたカーテンの隙間へそっと顔を近寄せた。

とたんに素美さんの口から金切り声が張りあがる。

細く開いたカーテンの先には、ガラスを挟んだ真正面にぴたりと貼りつくようにして、頬筋のがりがりに痩《や》せこけた男の顔が浮かんでいた。

肌は蠟《ろう》で塗り固めたように薄白く、若干肉が透けているかのような質感を帯びている。

毛髪はなく、完全な禿頭《はげあたま》。眉毛《まゆげ》もないため、骸骨《がいこつ》を思わせる印象がある。

そんな顔つきをした男が満面に薄笑いを浮かべ、乾いた息を小刻みに吐きだしながらガラス越しにこちらをじっと見つめていた。

男に向かって金切り声をあげるさなか、素美さんはくらりと意識を失ってしまう。

翌朝目覚めると、カーテンが細く開いた窓辺に仰向《あおむ》けの状態で倒れていた。

起きあがるなり、震える手つきでスマホを握り、すぐさま友人へ抗議の電話を入れる。ところが、電話に応じた友人の様子が明らかにおかしい。

聞けば昨晩、友人も恐ろしい目に遭ったのだという。就寝中、強い金縛りに見舞われ、頭の禿《は》げた痩せぎすの男に首を絞められたとのことだった。

いよいよもって身の危険を覚えた素美さんは、今度は実家の母へ連絡を入れた。

母の学生時代からの友人に、都内でプロの霊能師をしている女性がいるのである。

素美さんも面識のある人物だったので、彼女に相談を持ちかけることにした。

話を聞いた母は多大に心配して、ただちに彼女へ連絡を入れてくれた。幸いなことにその日のうちに予約が取れたので、友人とふたりで彼女が仕事を営む事務所へ向かった。

前日、得体の知れない石碑に向かって友人がおこなった「おいでおいで」の件を含め、事のあらましを包み隠さず打ち明けると、話を聞いた霊能師から大いに呆《あき》れられた。

それは身から出た錆《さび》というもので、「おいでおいで」は実際に霊を招来する術として有効な作用があることも聞かされた。

石碑に祀《まつ》られていたものの詳細までは判じかねるが、それなりの曰《いわ》くを持った存在で、あまりよくないものだろうという。

説明を聞かされて暗澹《あんたん》たる気分に陥ったのだけれど、幸いにも彼女は事務所に設《しつら》えた祭壇から、石碑にまつわる〝何か〟に向かってお詫《わ》びのお経を唱えてくれた。

「これでおそらく大丈夫でしょう」という彼女の言葉どおり、その晩からは素美さんと友人の周囲で怪しいことが起こる気配はないそうである。

ただ、この一件があって以来、素美さんは古びた石碑や墓石のたぐいに恐怖が湧いて、そばへ近づくことはおろか、見るのも嫌になってしまったのだという。

初心忘るべからず【対面取材　二〇一六年十月二十四日　月曜日】

　さらに素美さんの口利きで後日、件《くだん》の石碑の怪異を治めたという霊能師にも、取材をさせてもらえる運びとなった。

千緒里《ちおり》さんという四十代半ばの女性で、彼女は都心の雑居ビルに事務所を構えていた。

　素美さんから彼女の紹介を受けた際、本職の霊能関係者に興味本位で怪談話の取材をおこなうのは無礼に当たらないものかと、裕木は少々躊躇《ためら》いを覚えた。

　それで一応、素美さんを介して念押しの確認をしてみたのだけれど、先方は乗り気で取材を承諾してくれているため、過度な気遣いや遠慮は無用とのことだった。

　実際、事務所の応接室で対面した千緒里さん本人も、気さくで明るい人柄だったので、円滑に取材を進めることができた。

「長年、こういう仕事を続けていくなかで、いちばん怖いことってなんだと思う？」

南向きの窓辺から明るい陽光が燦々《さんさん》と射しこむ応接室のテーブル越し。

互いに挨拶《あいさつ》を交わし合い、取材が始まってまもなく、微笑を浮かべた千緒里さんから温雅な声音で問いかけられた。

「わたしは感覚が麻痺《まひ》して、怖いものに対する感性が鈍化してしまうことだと思うの」

返答を決めあぐねていた裕木を見つめながら、千緒里さんが静かに話を始めた。

五年ほど前のことだという。

ある日の昼過ぎ、事務所を訪ねてきた相談客から、ぬいぐるみのお祓《はら》いを依頼された。赤ん坊ほどの大きさをした茶色いクマのぬいぐるみで、見た目にはなんの変哲もない代物である。だが、ぬいぐるみを持ちこんだ若い女性客が青ざめながら語る話によれば、とにかくそばに置いているだけで様々な怪異に見舞われるのだという。

少し前にフリーマーケットで買い求めて以来、金縛りには頻繁に遭うようになったし、時折こちらを見つめる視線を感じることもある。注意深く観察していると、置いてある棚の上から僅《わず》かに移動していることもあるという。

ぬいぐるみに限らず、人形や玩具《がんぐ》のたぐいでも同じような相談は頻繁に持ちこまれる。単に依頼主の勘違いや思いこみというケースもあるが、仮に何かが宿っている場合でも脆弱《ぜいじゃく》なものが大半で、その対処はおしなべて容易である。

この時のクマも確かに何かが宿っているようだったが、気配はひどく薄いものだった。祭壇の上に座らせて魔祓いの儀式を執り行うと、それも立ちどころに消えてしまった。いつもと同じ、ほとんど惰性のような工程で、仕事はいとも容易《たやす》く片づいた。

依頼主に「もう大丈夫ですよ」と伝え、祭壇からおろしたクマを返そうとしたのだが、彼女のほうは「怖いです」と顔をしかめて、受け取ろうとしなかった。

できればこちらで処分してもらいたいと言う。こうした依頼もよくある話だったので、ふたつ返事で承諾し、祭壇の傍らにある廃品箱の中にぬいぐるみを放りこんだ。依頼主はすっかり安心しきった様子で事務所を辞し、千緒里さんはその後も引き続き、事務所を訪ねてくる相談客の応対に当たった。

そうして昼を過ぎて日も暮れ落ち、夜の七時を過ぎた頃である。最後に予約を取った女性客を応接室に通し、相談を始めてまもなくのことだった。テーブルに広げた資料を眺めつつ、彼女の語る話に耳を傾けていると、突然背後から

「ぎゃははははははははははは！」と、甲高い笑い声が弾《はじ》けた。

ぎくりとなって振り向いた先には、祭壇の傍らに置いた廃品箱がある。

お願いだから気のせいであってほしいと思ったのだが、顔面を強張《こわば》らせた女性客から、

「今のなんですか……？」と訊《き》かれ、無視するわけにもいかなくなった。

彼女に断って席を立ち、廃品箱の前に立つ。

百サイズの段ボール箱とほぼ同じ大きさをした黒い木製の廃品箱には、今日のように依頼主から引き取りを拒否された人形や数珠《じゅず》、パワーストーンなどが収められる。

中身がいっぱいになると、まとめてクリーンセンターに引き取ってもらうようにしているのだが、この日は少し前に中身を処分したばかりで、昼間に放りこんだ件《くだん》のクマのぬいぐるみしか入っていなかった。

箱の前へそっと身を屈《かが》め、外から様子を探ってみる。箱の中はしんと静まり返って、物音ひとつ聞こえてこない。ただ、これから先も静かなままという保証もなかった。腹を括《くく》って、ひと思いに両手で箱の蓋《ふた》を取り払う。

とたんに中から女の顔が飛び出てきた。黒髪を丸髷《まるまげ》に結った昔風の女で、白粉《おしろい》で真っ白に塗り固めた満面に寒気のするような薄笑いを浮かべている。

ただし、身体は茶色いクマのぬいぐるみで、身の丈は赤子ほどしかない。

そんな異様な風体をした女が、短くずんぐりとした四肢を広げながら、千緒里さんの顔面めがけて飛び掛かってくる。

すかさず両手で顔を庇《かば》ったのだが、異形の女のほうが僅差《きんさ》で到達が早かった。鼻面をぼすりと鈍い衝撃が突き抜け、痛みと重みで身体が背後へよろりとぐらつく。

危うく倒れそうになるのをすんでのところで踏みとどまり、べたりと顔に貼りついたクマの身を剥《は》がしにかかるも、短い四肢は千緒里さんの側頭部と首筋にぐるりと回され、びくとも動いてくれなかった。

視界はほとんど真っ暗にされ、もさもさした毛並みが鼻と口を塞いで息苦しい。狼狽《ろうばい》しながら身を捩《よじ》るさなか、どうしたものかと激しい焦燥に駆られ始める。

そこへほとんど本能のごとく飛びだしたのが、魔祓いの呪文だった。口元に纏《まと》わりつく毛の固まりを吹き飛ばすような勢いで、大絶叫の呪文を唱え始める。

豈《あに》図らんや、それはここしばらく、公私共々に行使することのなかった、全身全霊をこめた本気の魔祓いとなった。呪文を唱え始めるや否や、きつく巻きついていた四肢はくたりと力をなくし、そのまま静かに顔から剝がれた。

　床の上へと転がり落ちたぬいぐるみは、元のクマの頭へ戻り、僅かも動く気配がない。渾身《こんしん》の魔祓いを真っ向に喰《く》らって、存在そのものが完全に抹消されたのだろうと思った。どうだ、雑魚《ざこ》め。わたしが本気をだせばこんなもんよ。見くびるんじゃない。

　ぜえぜえと乱れた息を吐きだし、上下に肩を揺さぶりながら、ぬいぐるみに向かって勝ち誇った笑みを浮かべてみせる。だが、気分が高揚していたのはそこまでだった。

　何気なしに首を振り動かすと、応接セットのソファーに腰掛ける女性客と目が合った。彼女は顔じゅうを驚愕《きょうがく》の形相に強張らせ、目には警戒心と不信感が綯《ない》交ぜになった色がありありと滲《にじ》んでいた。

　慌てて襟を正し、「なんでもありません。大丈夫です」と伝えたものの、女性客から向けられる訝《いぶか》しげな視線は払拭《ふっしょく》できなかった。しどろもどろな言いわけを並べ立てても疑念を晴らすことはできず、気まずい雰囲気のまま仕事を再開することになった。

「以来、舞いこんでくる仕事はどんなに簡単そうな案件に思えても、微に入り細を穿《うが》ち、一切手を抜かないように心掛けています」

　苦笑いを浮かべながら、千緒里さんは言った。

己の過信や驕《おご》りが、時として命取りになることを学び直したことも大きいのだけれど、それ以上に思い知らされたのは相談客からの信頼だという。

この時、千緒里さんと人形との一部始終を見ていた女性客が後日、他の常連客などに噂を広めてしまい、しばらく客足が激減してしまったそうである。

霊能師として生半《なまなか》な仕事を繰り返し、己の評判をさげることも厳に慎むべきことだが、それと同じくらい、客の前で醜態を晒《さら》すこともあってはならないこと。

この時の一件がのちに及ぼした影響で、とくと身をもって思い知らされたという。

「恥ずかしい話だけど、今日は自分自身への戒めという意味でも、プロの霊能師としていちばん開示したくないエピソードを話させてもらいました。まさに初心忘るべからず。おあとがよろしいようで」

そう言って千緒里さんは、苦笑いのままに話を結んだ。

スノーホワイト【対面取材　二〇一六年十月二十八日　金曜日】

千緒里さんの取材を終えて数日後、彼女から次の取材の連絡が入った。

同業者で取材を希望している人物がいるのだが、どうだろうか？　とのことだった。柳原鏡香《やなぎはらきょうか》さんという女性で、年代は四十代の前半。以前は都心に暮らしていたのだが、今現在は都内西部の小さな田舎町に独りで暮らしている。

数日前、たまさかその鏡香さんから電話があったのだという。その折に裕木の取材の件を話したところ、自分も話を聞いてもらいたいとのことだった。

裕木としては願ったり叶《かな》ったりの申しこみで、断る理由は何もなかった。

ただその一方で千緒里さんは、彼女を紹介するに際して、先に少しだけ念押しをしておきたいことがあるのだという。話を聞いてみると、こうだった。

彼女はいろいろと込み入った事情を抱え、少し前まで神経を病んでいた。今現在はだいぶよくなったのだけれど、それでもまだまだナーバスな雰囲気があるし、取材で話を聞くに際しても、そうした面が表に出てしまうかもしれない。

加えて彼女が今回、取材で聞いてほしいという話自体も、かつて精神的に混乱状態のさなかにあった当人の内面に関わる、少々特殊な内容であるという。

少なくとも巷《ちまた》でよく聞かれるような、単に怖くて面白い怪談話のたぐいではない。

それでも取材を引き受けてくれるかどうか？

差し当たり、千緒里さんはそこまで話を進めたうえで、裕木の判断を仰いだ。

暗に千緒里さんが心配しているのと同じく、裕木としても大いに悩むところだった。

だが、結局は取材熱と好奇心のほうが勝ってしまう。

鏡香さんの連絡先を教えてもらい、さっそく取材の予定を取りつけることにした。


取材当日、昼間に鏡香さんと待ち合わせたのは、新宿駅の南口。

取材場所は、奇《く》しくも私がいつも出張相談の時に使う、あのお馴染《なじ》みの喫茶店だった。

当初の予定では、裕木のほうが鏡香さんの自宅か、彼女が暮らす町まで直接出向いて話を聞かせてもらうつもりだった。けれども彼女自身のほうが、自ら都心に足を運んで話をしたいとのことで、件《くだん》の店を取材場所に選んだのである。

「今日は本当に、わざわざ遠くから起こしいただいてしまい、申しわけありません」

「いいえ。しばらく都心には出てきていなかったので、話を聞いていただくのと一緒に、せっかくだから少し気分転換も兼ねようかと思いまして。どうぞ、お気遣いなく」

昼夜を問わず、いつでも比較的静かな雰囲気の漂う、新宿駅南口近くの喫茶店。

目の前のテーブルを挟んで座る鏡香さんは、どことなくやつれ気味な趣きこそあるが、ふわりとした品のよい笑顔が似合う、優しげな印象の女性だった。

「……じゃあ、それなりに長い話にもなりますので、さっそく始めたいと思うんですが、本当によろしいでしょうか？」

オーダーした紅茶をひと口軽く啜《すす》り終えたあと、かすかに不安げな色を浮かべた目でこちらを見つめ、鏡香さんが尋ねた。

これから鏡香さんが語ろうとしている怪談話が、少々特殊な部類のものであることは事前に理解しているつもりである。

先日、電話で取材をお願いする際にも今と同じく、鏡香さんから念を押されたのだが、裕木はそれも了承のうえでこの日の取材に臨んでいた。今も気持ちに変わりはない。

果たして彼女の口からどんな話が語られようと、裕木は彼女の秘めたる話を聞きたい気持ちでいっぱいだった。

改めて「お願いします」と答えると、鏡香さんは決心したかのように深々とうなずき、やおら静かな声音で語りだした。

今から三年ほど前、二〇一三年の夏場まで鏡香さんは、都心に構えた小さな事務所で霊能師の仕事を営んでいた。二十代の後半に開業して、当時はそろそろ十周年の節目を迎える頃だった。

家族構成は、同年代の夫と中学二年生になる娘の三人。仕事も順調で、家族仲も良好。公私ともに大きな悩みを抱えることもなく、長らく平穏無事な暮らしを続けていた。

そうした日々が一変したのは、同年の五月上旬。連休が明けてまもなくのことだった。

日中、仕事場で仕事をしている娘の通う中学校から電話があった。授業中に娘が突然倒れ、救急車を呼んだところだという。

すぐさま仕事場を飛びだし、搬送先の病院へ向かったのだけれど、駆けつけた時にはすでに娘は息を引き取っていた。死因は致死性不整脈だったそうである。

心室細動などが原因で引き起こされる不整脈で、なんの前兆もなく死に至るケースや、若年代での発症も確認されている病気なのだという。

現に娘も心臓に疾患を持っていたわけではないし、亡くなる当日を含め、近い過去に体調を崩していたわけでもない。

だから娘の死はあくまで突発的なものであると医師から説明を受けたし、身内を始め、周囲の友人知人たちからも「自分を責めないように」と、慰めの言葉を向けられた。だが、どれだけそんな言葉をもらっても、鏡香さんの気持ちが晴れることはなかった。

当時はそれなりに仕事が忙しく、夜の遅くまで事務所にいることが多かった。帰宅はほとんど深夜近くである。休みも決まっていなかった。

娘とまともに顔を合わせて話をするのは朝食の席と、たまに取れる休日程度のもので、他にはせいぜいメールでやり取りするぐらいしか、日頃の交流がなかった。

いかに娘の死因が突発的な病であったとしても、母親の情としてはもっと長い時間を娘と過ごせていれば、あるいは最悪の事態を回避できたかも、という思いが募った。

それに加えて、苟《いやしく》も「霊能師」などという仰々しい看板を掲げて生きる自分がである。愛娘《まなむすめ》に降りかかる不幸を事前に察知することができなかった。

こうした己の肩書きに起因する受け容《い》れ難い事実が、鏡香さんの心を一層苦しめた。

本職の霊能師といえど、決して万能ではない。相談客から依頼された案件であっても、何もかもが分かるわけでも、解決できるわけでもない。

ただ、物心のついた頃から人の目には視《み》えないものが視え、感じられないものを感じ、時には身内や知人に訪れる不幸まで感じ取ることもできた自分が、である。

どうしていちばん大事な娘の行く末を、先んじて知ることができなかったのか。

道理のうえでは仕方なきこと、考えても詮無きことと頭では理解しているつもりでも、気持ちは一向に治まらず、未練と後悔の日々が続いた。

そうした精神的に切迫した状況に身悶《みもだ》えしつつも、どうにかぎりぎりの線で耐え忍び、ふた月近くが過ぎた頃。ちょうど、娘の四十九日が終わってまもなくのことだった。

打ちひしがれてひび割れていた鏡香さんの心を、完全に粉砕する出来事が起きた。

夫の不倫が発覚したのである。

秘密の露呈はひどく単純なもので、たまさか夫の携帯電話の通話履歴を覗《のぞ》いたところ、ひと目で疚《やま》しい間柄だと分かる愛称で登録された女の名前が大量に見つかった。

それで全てが明るみに出たのだった。

相手は夫が勤める会社の部下で、二十代後半の若い女。

付き合い始めて、すでに五年近くになるという。

夫は「すぐに別れる」と言ったが、そんなことはもうどうでもよかった。

要するにこの男は、愛娘が突然この世を去って喪に服すべき時にも、自分が娘の死に心を痛めて憔悴《しょうすい》している時にも、よその女と遊び耽《ふけ》っていたということである。

そんな男が何を言おうと、今さら信じることなどできなかった。

さらには夫の不貞が発覚したのち、改めてこれまでの夫婦仲や家族関係というものを冷静に振り返ってみると、自分が「良好」だと思っていたのは、実は上辺だけのことで、本当はとても無機質なものだったのではないかという気にさせられた。

娘との交流と同じく、夫とのやり取りも、朝食での会話とメールの連絡が大半だった。

それに加えて夫は昔から兎の飼育が大好きで、たまの休日、鏡香さんが自宅にいても兎のことばかり構っていたように思う。

親娘《おやこ》間でも夫婦間でも、互いに声を荒げ合うようないざこざもなく、いつもにこにこ挨拶《あいさつ》だけは交わし合っていた。それで仲のよい家族なのだと信じて疑わなかった。

けれども本当は、ただ単にそれだけの関係でしかなかったのかもしれない。

だからこそ、夫は娘の死後、打ちひしがれた妻のそばにろくろく寄り添うこともなく、よその女と過ごす時間のほうを選んだ。

それが全ての裏付けになっているように思えて、堪《たま》らない気分になった。

思い返せば娘の死後、夫は家にいる時間自体も以前より少なくなっていたように思う。

家にいる時も、ほとんど兎の世話ばかりしていた印象を強く感じる。

この頃も夫は五羽の兎を飼っていたのだけれど、自分に向けられる愛情が兎たちより劣るものかと考えると無性に腹が立った。

そして、またしても無力さの痛感である。

今度は「事前に」どころか、五年近くも見抜けなかった。

本職の霊能師として、たかだか夫の不倫すらも長年勘づくことができなかったという揺るぎない事実が、とうとう仕事に対する自信さえも瓦解《がかい》させることになってしまった。

そこから先の流れは速かった。

不倫の発覚からおよそ半月後の七月半ば、鏡香さんは都内西部の田舎町に住居を移し、独り暮らしを始めていた。

住まいは築三十年ほどの一戸建て。親しい知人が所有している物件を紹介してくれた。以前は知人の親類が長らく独り住まいをしていたのだが、高齢に伴い、老人ホームへの入居が決まり、知人が家を買い取ることになった。

家はリビングがフローリング張りの現代住宅で、間取りや水回りもしっかりしている。築年数の割に外観も小綺麗《こぎれい》な状態を維持しており、申し分のない構えだった。ただ、立地が少々問題で、知人は今まで一度もこの家に暮らしたことがないという。

鬱蒼《うっそう》とした山の裾野《すその》にひっそりと立つこの物件は、町場からだいぶ離れた距離にあり、近所にちょっとした商店のひとつもなければ、人家のたぐいさえほとんどない。車がなければとても暮らせる土地ではないし、家から最寄り駅までの距離も遠いため、都心へのアクセスも不便である。ゆえに親戚《しんせき》付き合いの一環で買い求めたはいいものの、すでに三年近くも持て余していたとのことだった。

だが、当時の鏡香さんにとって、こうした条件のほとんどは願ったり叶《かな》ったりだった。単に夫から離れたいという以外にも、できうる限り世間から離れて暮らしたいという願望も強かったからである。迷うことなく、この家を借り受けることにした。

別の知人からの厚意で古びた車を一台借りることもできたので、予想していたよりも日々の暮らしに不自由することはなかった。

車で町場まで出かけ、生活用品を一度にどっさり買いだめしておけば、あとは不足の品が出てくるまで誰にも邪魔をされず、ひたすら独りで家に籠《こも》り続けることができた。

これまで仕事が多忙だったおかげで蓄えだけは十分にあった。

だから毎日独りでぐだぐだ過ごし続けても、暮らしに困ることは何もなかった。

けれどもそれは半面、とても虚《むな》しく感じられることでもあった。

順風満帆だった霊能師の仕事は、もうやめようかという気持ちが強かった。

実際、十年近く事務所として借りていたテナントも引越しの際に解約してしまったし、引越してからは電話相談なども含め、一度も仕事をしていない。

己の力や在り方に自信が持てなくなった時点で、他人が抱える悩みに向き合う資格も綺麗《きれい》さっぱり失った。そんなふうにしか考えることができなかった。

ただ、そうした決意のような諦《あきら》めが頭の中で絶えず渦巻く一方、胸の内のどこかでは、また誰かの力になりたいなという想いも幽《かす》かにあった。

我ながら、どっちつかずな心情に煩悶《はんもん》する日が続いていた。

それは、夫の件に関しても同じだった。

一緒にいることに耐えられず、勢い任せに今の暮らしを始めた癖に、離婚についてのくわしい話し合いは、意図して忌避し続けていた。電話は定期的にかかってきたけれど、まともに応じることはなかったし、メールもほとんど無視していた。

今は最悪の関係にまで陥ってしまったものの、その昔は幸せな時代も確かにあったし、娘を交えた忘れ難い思い出もたくさんある。

悔しいけれど心のどこかに未練のような思いが、まだあることは分かっていた。

それに加えて、力尽《ちからず》くで手早く別居が実現できたように、その気になれば離婚だっていつでもできるという打算が、問題を先延ばしにする原因にもなっていた。

娘の件にしてもそうだった。来る日も来る日も自分の無力さを責めて悔いるばかりで、リビングの片隅に祀《まつ》った娘の写真の前に座るたび、嗚咽《おえつ》をあげるだけだった。

いずれの問題に関しても考える時間は十分にあったのに、思いが弱く定まらないゆえ、まともな答えが出てくることはなかった。

住まいを移り替えて初めのうちは、気分転換にと、近所の散歩をしてみたことがある。

だが、二、三度歩いただけで、あとはすっかりやめてしまった。

家の周囲には、薄暗い森が広がる景色の中に沼や沢、小さな田畑などが点在している。見た目に決して悪い風景ではないし、道だって別に歩きづらいわけではない。

ただ、歩いていると、なぜだか気持ちがしだいにざわざわと落ち着かなくなってきて、長く外にい続けることができなくなってしまう。

不思議なことに、車で買いだしに出かける際には、そうした感覚に陥ることなどない。あくまでも近所を自分の足で歩いている時だけ、斯様《かよう》な症状に見舞われる。

己《おの》が有する特異な感覚で察すると、それは何かに見られているような感じに近かった。

無論、相手は生きている者ではない。

だが多分、見られているわけではないのだと思う。

自分の感覚では、あくまでも「見られているような感じ」に近しいというだけだった。

視線でないのならなんだろうと思い、いちばんしっくりきたのは、気配だった。

得体の知れない何かが、この広い土地のどこかにいるという気配。

しかもそれはとてつもなく大きくて、自分の身に害を及ぼす危険な存在なのである。

何度目かの散歩中に気分をざわめかせながら、そんな仮説が頭の中に思い浮かんだ時、あたかも正解を伝える合図のように背筋がしんと冷たくなった。

それ以来、散歩は一切控えるようにしている。

たとえなんの裏付けもないことであっても、こうした視《み》えざる不穏な問題に関しては、己の直感を大事にしたほうがいいと判断したのだ。

結果として、家に籠る時間が増えた。というより、籠るばかりになってしまった。

独りで考えこむことといえば、相も変わらず、仕事についての葛藤《かっとう》と夫に対する愛憎、そして娘の死に関する果てしない悔恨のみだった。

いずれも真正面から真剣に向き合う覚悟がないのだから、光明など見えるはずもなく、考えれば考えた分だけ思いは錯綜《さくそう》を繰り広げ、気持ちは行き詰まり、その都度、自分の心の弱さが剝《む》きだしになって、余計に傷口が広がっていくばかりだった。

そうして連日、気迷いを繰り返していくうちに、気づけば酒を吞《の》むようになっていた。酒を吞むと思考が鈍化して、目の前に立ち塞《ふさ》がる辛《つら》い現実をまろやかに薄めてくれた。代わりに感情は鋭敏になって、時として大泣きしたり、激昂《げっこう》したりすることもあったが、その一方でわけも分からず満ち足りた気分になることもあり、頻度で比べると圧倒的に後者のほうが多かった。

だからしだいに、酒が手放せなくなってしまった。

初めのうちはビールや酎《ちゅう》ハイを吞んでいたのだけれど、夏が終わって秋になる頃には、ブランデーとウィスキー、それからウォッカが大のお気に入りになっていた。

いずれのお気に入りも、当初は一晩でボトルの五分の一から四分の一を空ける程度で満足していたが、秋が深まる頃には一晩でボトルの半分を空けるようになっていた。無論、どれだけ呑んだところで自身の抱える問題は、毛ほども解決するわけではない。だがしかし、呑む前だって何も解決しなかっただろうという思いが、己をますます酒に駆り立てていった。

身近に歯止めをかける者が不在で、なおかつ酒は、町場で一度に大量購入するという生活環境において、こうした開き直りは最悪のレスポンスだった。

その後も鏡香さんの飲酒は続き、酒量もさらに増えていった。秋が終わって冬を迎え、新たな年を迎えた時には、一日にボトルを一本空けるまでになっていた。

けれどもやはり、どれだけ酒量が増したところで彼女が抱える問題は、初めの頃から寸分たりとも好転することはなかった。

彼女自身も、理性の面においては重々それを理解していたし、理解しているからこそ素面《しらふ》に戻ると、激しい自己嫌悪に苛《さいな》まれてひどく落ちこむこともままあった。

酒量の増加とともにそうした機会もいや増してゆき、その都度、己の弱さに絶望した。絶望から逃れるためにまた酒を呷《あお》り、そして再び己の弱さを思い知って絶望する。

そんな悪循環を繰り返しながら鏡香さんの心は、疲弊と荒廃の一途をたどっていった。思考は飲酒の有無にかかわらず鈍化して、喜怒哀楽さえもおぼつかなくなっていった。

そしてとうとう芯《しん》まで弱りきった心は、最後の仕上げを迎える境地に至ってしまう。

鏡香さんが山裾《やますそ》の借家に暮らし始めて半年余りが経った、二〇一四年二月八日。

その日、彼女は朝の八時頃にリビングで目を覚ました。

前日の夕方から呑み始め、そのまま一晩呑み明かし、早朝五時過ぎに力尽きて眠った。

だが、就寝中に暖房が止まってしまったため、寒さで目が覚めてしまったのである。

暖房の電源を入れ直し、テーブルに置かれた呑みかけのグラスを持って、リビングのカーテンを開けると、外は一面、銀世界になっていた。

折しも昨日、リビングで酒を呑み始めてまもなくから、戸外では雪が降り始めていた。

大して降ることはないだろうと思いながらカーテンを閉めたのだけれど、予想外だった。

雪は今まで都内に暮らしてきて、一度も見たことがないほど降り積もっている。

綺麗だとかすごいだとか、そんな感情は少しも湧いてこなかった。

グラスに残った呑みかけのブランデーを漫然と啜りつつ、彼女が代わりに思ったのは、このまま外に出ていって眠ったら死ねるかな？ という推察だった。

おそらく眠りに就くことさえできれば、死ねるのではないかと思った。

そんなふうに答えが出ると、たちまち「じゃあ、死のうかな」という気持ちになった。

もう何もかもが面倒くさかった。生きることさえ面倒くさいと思っていたのだけれど、死ぬためにロープで首を括《くく》ることさえかったるくて今まで決行に至れなかった節がある。

外に出て寝落ちするだけで死ねるのなら、こんなに楽なことはないと思えた。

　気持ちが定まるなり、サイドボードから新しいブランデーのボトルを引っ張りだすと、防寒着も身につけず、ふらつく足取りで家を出た。

　雪は玄関前の庇《ひさし》の下に横たわる敷石よりも、さらに高く積もっている。敷石から足をおろすと、ブーツを履いた脛《すね》の半分辺りまで脚が埋もれた。戸外に張りつめる冷気は鋭く、寒さとともに肌身を突き刺されるような痛みを感じる。風が少しそよいだだけで身体が勝手に震えだし、歯の根ががちがちと鳴り始める。だが、それで決心が鈍ることは微塵《みじん》もなかった。

　死に場所はもう決まっていた。家の裏手に広がる森の中である。

　昨年、引越してきたばかりの頃だった。家の周囲の散策をしていた時、裏手に広がる鬱蒼《うっそう》とした森の中に小道が延びているのを見つけた。

　乱雑に蔓延《はびこ》る下草にまみれ、人がひとりようやく通れるほどの細い道筋だったけれど、五十メートルほど辛抱強く進んでいくと視界が開け、目の前に小さな空き地が現れる。

　空き地のまんなかには、半分倒壊した木小屋があった。

　屋根は前のめりに大きく傾いて先端が地面に突き刺さり、壁もひしゃげてばらばらになりかけていたが、小屋の裏側に面した一枚だけはかろうじてまっすぐに屹立《きつりつ》しており、どうにか全壊を免れている様子だった。

　昔は伐採した材木を保管する小屋だったのだろうと思う。傾いた屋根に圧《お》し潰《つぶ》された小屋の中には、ほとんど朽ちかけた太い丸太が何本も積み重なっていた。

中に入ることはできないけれど、崩れた屋根の上に腰をおろすくらいならばできる。

森の中で雪にまみれた樹々を眺めながら、酒を呷れるだけ呷って死のうと思った。

家の外を回って分厚い綿帽子を被《かぶ》った森の前へと至り、小道の奥へと分け入っていく。

鬱蒼と生い茂る樹々の葉が屋根代わりになったのか、森の中は庭と比べ、僅《わず》かに雪が浅かった。しかし、だからといって歩きやすいわけでもない。

地面に散らばる無数の枯れ枝や石くれが積雪に隠され、ほとんど見えなくなっていた。

油断して歩いていると、雪の下に横たわるそれらに足をとられて転びそうになる。

ボトルを持った右手を舵《かじ》代わりにバランスを取りつつ、左手は樹々の幹へ添えながら、とろとろと慎重な足取りで歩を進めていった。

そうして十分ほどかけ、ようやくの思いで木小屋の残骸《ざんがい》までたどり着く。

斜めに倒れた屋根の端から雪を払って腰をおろすなり、どっと疲れが押し寄せてきた。

ボトルを開けてさっそくひと口、ごくりと大きく呑み下す。

たちまち喉《のど》から食道に灼《や》けるような感覚が走り抜け、胃の腑《ふ》がかっと燃え盛る。

身体はすでに冷えきって凍えかけになっていたが、まだまだ意識ははっきりしていた。

寒さと己の人生から一刻も逃れたい一心で、立て続けに何度もボトルを大きく呷った。

それからどれぐらい時間が経った頃だろうか。

すでに意識がだいぶ淀んで、そろそろ視界も薄暗く霞《かす》み始めてきた頃のことである。

ふいに遠くのほうから幽《かす》かに聞こえてきた物音に、意識がふっと引き戻された。

ざくざくと等間隔で聞こえてくるのは、どうやら足音のようだった。

初めは聞き間違えかと思ったのだけれど、音は一向に消えることなく、しだいに耳へはっきりと、それも少しずつ大きくなって聞こえてくる。

やはりそれが足音であり、それもこちらへ向かって近づいてきていると分かった瞬間、ほとんど反射的に身をひるがえし、小屋の裏手の壁へと素早く身を隠した。

意識がさらにはっきりしてくる。

予期せぬ事態に五感もたちまち鋭敏になった。

どこの誰かは知らないけれど、下手に絡まれて邪魔を入れられるのだけは御免だった。大雪の中、薄着で酒を呑んでいる女を見かけて、黙っている者はなかなかいないだろう。見つかったら多分おしまいである。厄介なことになったと思った。

小屋の壁にぴたりと身を張りつけ、静かに足音の動向をうかがう。

するとまもなく、足音に変化が起きた。それまでは足音に混じって下草を掻《か》き分けるさわさわとした音も一緒に聞こえていたのだが、それが消え、代わりにざくざくという足音だけが大きく鮮明に聞こえるようになった。空き地の中へ入ってきたのである。

どうしようかと、寸秒躊躇《ためら》いが生じた。だが、どうしても気になって仕方がなかった。息を殺して壁の端からそっと様子を覗《のぞ》き見る。

ところが森から出てきた人物の姿を目にしたとたん、ぎくりとなって身が強張《こわば》った。

それは少女だった。

年頃は中学生ぐらい。真っ黒な髪の毛を腰の辺りまで長々と生え伸ばしている。綺麗《きれい》な顔立ちの娘《こ》だったが、額の右端からはおびただしい鮮血が流れ、顔の右半分がどろどろとした質感を帯びた血の赤に染まっている。

形相も険しく、かっと剥《む》きだした両目と、捲《まく》れあがった唇から覗く、砕けんばかりに噛《か》み締められた白い歯は、痛みを堪《こら》えるそれではなく、凄《すさ》まじい怒りや憎悪のたぐいに燃え盛るものだった。

少女は白いTシャツに、薄手のロングスカートという出《い》で立ちだった。

Tシャツの胴一面には、縦の構図で描かれた西洋画がでかでかとプリントされている。

絵にはあまりくわしくないのだけれど、おそらく、シャガールの作品だろうと思った。全体的に青い色彩で描かれた絵の中には、差し色のごとく、真っ赤な衣装を着た女性が、逆づりになってぶらさがる姿が描かれている。

スカートは花柄で、黄土色の生地の上全体に、淡いピンクに染まった薔薇《ばら》が濃緑色の葉っぱと一緒に咲き乱れている。スカートの裾《すそ》からちらつく両脚の先にはクリーム色のスニーカーと、三つ折りにした白いソックスを穿《は》いているのが見て取れた。

さらに少女はもうひとつ、とんでもない物を右手にぶらさげながら歩いていた。

カッターナイフ。それもホルダーがテレビのリモコンほどの大きさもある、工業用の巨大なカッターナイフである。色はピンクだったが、かわいげなど微塵も感じられない。

顔の流血と同じく、衣服も肩口や脇腹、太腿《ふともも》など、あちこちがずたずたに引き裂けて、全身の方々《ほうぼう》に真っ赤な血の染みができている。

まるで熊か暴漢にでも襲われたかのような姿だったが、少女の顔に浮かぶ形相に加え、手にした化け物みたいなカッターを見ると、むしろそれらと殺し合ってきたかのような印象のほうを強く抱いた。

形相と流血に目を奪われてしまいがちだが、そもそも少女の服装自体がおかしかった。

どう考えても、雪の中を歩くような恰好《かっこう》ではない。そもそも雪がどうのという以前に、こんな薄手の装いは季節外れもいいところだった。

一瞬、夢や幻覚の可能性を疑いかけたが、自分の目を騙《だま》すことはできなかった。

この半年余り、確かにひどい酒浸りの日々を過ごしてきたし、今もこっぴどい具合に酔ってはいるけれど、どんなに酔っ払っている時でも現実と虚構の区別だけはついた。

意識をさらに集中させ、少女の姿を凝視する。

やはり思ったとおり、この世の者ではなかった。

生身の人間と見《み》紛《まが》うほど、あまりにはっきりと視《み》え過ぎていたので、ほんのつかのま判断が鈍ったのだけれど、あれは間違いなく、この世ならざる魔性のたぐいである。

少女は歩幅を緩ませることなく、ずかずかとした勢いで小屋のほうへと近づいてくる。

本職として魔《ま》祓《ばら》いの心得はあったし、この十年近く、仕事で数えきれないほど実践し、その大半が成功を収めてもいる。だから決して、腕に自信がないわけではない。

けれども、あれに手をだす気にはなれなかった。

見た目は年端もいかない少女でも、外見に惑わされてはいけない。

〝あれ〟は、自分がこれまでの人生で関わってきた、どんな悪霊や怨霊《おんりょう》よりも凄まじい凶兆を孕《はら》む、規格外の存在だった。

姿を見ているだけで総身が竦《すく》みあがって、強い恐怖で意識が遠のきそうになってくる。悪霊や怨霊などというより、むしろ死神と断定したほうが腑に落ちた。それほどまでに目の前を歩く少女から放たれる威光は、圧倒的な脅威と絶望の滾《たぎ》りに満ち満ちていた。

壁の端から僅かに突きだしていた顔を引っこめ、再び壁に向かって背を張り合わせる。他にできることといえば、とにかくあれが一刻も早く、この場から立ち去っていくのを必死になって祈るぐらいしかなかった。

そこへ小屋の裏手に面した樹々のほうから、「ざざ！」と盛大な音が鳴り響いた。

見ると、前方に生え並ぶ樹々の上に降り積もった冠雪が滑り落ち、分厚く生い茂った葉を揺らしながら、辺りの空気を震わせているところだった。

それと同時に、小屋の前方からざくざくと聞こえていた足音が一瞬、ぴたりと止んだ。と思うまもなく次の瞬間、それは急激にピッチを跳ねあげ、こちらへ向かって一直線に近づいてくる。こちらが怯《おび》えて身を縮めるなか、少女はミシンで雪を縫いつけるような鋭い音を轟《とどろ》かせ、鏡香さんのすぐ真横を疾風《はやて》のごとく駆け抜けていった。

向かった先は、樹上から粉雪を振り散らしながら葉を揺らす一本の大木である。

少女は大木の前へと至るなり、右手に持ったカッターを思いっきり振りあげ、幹へと向かって一心不乱に切りつけ始めた。

鋭利な刃物で樹木を切り裂く音など、初めて聞いた。リンゴを噛む音によく似ていた。

大人の胴よりも太い幹に、たちまちX状の大きな切り傷が幾重にも刻まれていくのが、少女の背中越しにもはっきりと見える。

そのあまりにも凄惨《せいさん》な光景に仰天してしまい、初めは何も考えることができなかった。

だが、己の置かれた状況が把握できていくのに従い、みるみる背筋が凍りついていく。

今、自分は少女の真後ろにいる。果たしてあれが気の済むまで大木の幹を切り尽くし、再びくるりと踵《きびす》を返したら、今度の標的は誰になるだろう。

答えと結果が脳裏に浮かびあがるなり、一刻も早くこの場を離れなければと思った。

まずは気配を忍ばせ、少女の目から身を隠せる小屋の前方側まで、どうにか移動する。

あとは臨機応変に対応して切り抜けるしかないと腹を括《くく》った。

小屋の壁に張りつけていた背中を離し、雪に埋もれた両脚を静かにそっと持ちあげる。

続いて壁伝いに身体を横向きに進めていこうとしたのだけれど、雪の中から踏みだした第一歩は恐怖と酔いで膝《ひざ》ががたつき、たちまち身体がバランスを失いかけた。

ぎくりとなりつつ必死で両手をばたつかせ、すんでのところで転倒を免れる。

だがその代わり、弾みで右手に持っていたブランデーのボトルが、雪の上へ落下した。

森閑とした空き地の中に、ぼすりと鈍い音が響く。

「しまった」と思うよりも先に、少女の首がこちらへぱっと振り向いた。

「あっ」と思った時には、もう遅かった。

　機関銃の発砲音にも似た小刻みな足音を踏み鳴らし、少女がこちらへ駆けだしてくる。逃げる構えをとる隙すらなく、気づくと少女は鏡香さんのすぐ目の前にいた。

　少女が走ってきたというより、地面のほうが縮んでしまったのではないかと思うほど、その脚の運びは速かった。

　古びた木小屋の壁を背に、互いの身がひっつき合いそうなほどの距離まで詰め寄られ、完全な膠着《こうちゃく》状態へと陥る。

　少女の背丈は、こちらと比較して頭ひとつ分ほど小さかったが、血みどろの細面から覗くぎらぎらした双眸《そうぼう》に見あげられていると、こちらのほうがどうしようもなく無力で卑小な存在にしか思えなくなってしまう。

　なんという目ができるのだろう。まるで鷹《たか》の前の雉《きじ》だった。身体はもはや震える以外、まともに動いてくれそうにもない。これで完全に終わりだと確信する。

　最前まで思い描いていた「終わり」の形とは、あまりに違い過ぎるものだったけれど、行き着く結果が同じなら、仕方がないとも思えてきた。楽して死のうなどと考えるから、きっと罰が当たって天が死神を遣わしたのだ。ならば潔く受け容《い》れよう。

「いいよ、殺して。どうせ死にたいと思ってた。ばっさり切って殺してよ」

　少女の右手にぶらさがるカッターナイフを一瞥《いちべつ》しながら、擦《かす》れた声でぽつりと呟《つぶや》く。

「今までいろんなものを視《み》てきたけど、死神だけは見たことがなかった。でも死神って本当にいるんだね。できればひと思いにお願いします」

自嘲《じちよう》気味な笑みを浮かべて語りかけると、少女の右手がすっとあがった。鈍色に輝く鋭い薄刃が、灰色に煙った凍《い》て空に向かって垂直にそそり立つ。

少女は小揺るぎも視線を逸《そ》らすことなく、ぎょろりと剝きだした双眸でこちらの顔を一点に見据えている。だからこちらも逃げずに彼女の顔をまっすぐに見つめ返した。

すでに覚悟は決めている。

あとはできることなら、一撃で喉笛《のどぶえ》を切り裂いてもらえれば申し分ないと思っている。お願いだからそうしてほしいと思いながら、黙って少女の顔を見つめ続けた。しかし、なかなかそれは始まらなかった。少女は右手に小さくカッターを翳《かざ》したまま、やはり黙ってこちらの顔を見あげ続けるばかりである。

その目はなおも変わらず、怒りと憎悪に満ちた凄まじい形容を象《かたど》っている。こうして見つめ合っているだけで全身の血が凍りつきそうになるほど、その眼力は禍々《まがまが》しい。だが、恐れながらもよく見てみると、彼女の黒真珠を思わせるつぶらな瞳《ひとみ》の奥底には、かすかながらも血の通った、人間らしい輝きも見て取れた。

「まさか」という思いもなくはなかったが、それ以上に「もしや」という思いのほうが強く勝って、しだいに居ても立ってもいられなくなってくる。

それは理屈でもなければ霊感でもなく、いわば母性という本能に基づく判断だった。

「おいで。大丈夫だから」

己の直感を信じて、震える両腕を少女に向かって差し広げる。

緩やかな一文字に開いた両腕は上下にぎこちなくがたつき、膝頭《ひざがしら》もがたがたと笑って身体がふらついたけれど、それでも目だけは決して逸らさず、彼女の反応を待った。

向こうはつかのま、険しい形相を浮かべたまま、こちらをじっと見あげていたのだが、

まもなく黒い瞳が左右にひくひくと震えだし、明らかに困惑の色を見せ始めた。

続いて小さな両肩が上下に忙《せわ》しなく動きだし、気息が徐々に荒くなり始める。

そしてとうとう、カッターを翳した右手をだらりと下へさげると、大きく開いていた両目がすっと萎《しぼ》んで、あとは無言のまま、鏡香さんの胸へと静かに顔をうずめてきた。

やっぱりそうだ。この娘《こ》は根っから怖い娘なんかじゃない。

少女の身体を引き寄せ、ぎゅっと優しく抱きしめてあげる。

「ごめんね。死神なんかじゃないんだよね」

長く艶《つや》やかな黒髪をゆっくりと撫《な》でつけながら、耳元に向かってそっと声をかけると、抱きしめた腕の中で少女の肩が一層激しく上下した。

彼女を抱きしめていると、ふいに娘のことを思いだし、涙が溢《あふ》れて止まらなくなった。あの娘を最後に抱きしめた時の背丈や感触も、ちょうどこれくらいの感じだったと思う。

同時に、自分は一体何をやっているのだろうと思った。あの娘の死を言いわけにしてだらだらと塞《ふさ》ぎこみ、挙げ句は自暴自棄に駆られて死のうとまでしていた。

つくづく最低の母親である。これでは仮に死んでも、娘に顔向けなんかできはしない。もう一度、弱い自分にきちんと向き合わなければと思った。

鏡香さんがぼろぼろと大粒の涙を溢《こぼ》しながら感慨に耽《ふけ》るさなか、彼女の胸のほうでもじわりと熱い湿りが広がっていくのを感じた。

抱きしめた少女も多分、胸の中で泣いているのだった。胸に感じる熱い湿りとともに、ふぅふぅという気忙《きぜわ》しい吐息も耳にはっきりと聞こえてくる。

「大丈夫だよ。大丈夫だからね。もう大丈夫。大丈夫だから……」

　この娘が一体、何を悲しんでいるのか、それは分からない。けれども、その悲しみが悉皆《しっかい》消えてなくなることを祈りながら力の限り、優しくぎゅっと抱きしめてあげた。

　下草を掻《か》き分けるざわざわという音。頭上からどさりと落ちてくる冠雪の音。

　降り積もった積雪を踏みしめるくぐもった音や、雪の中に埋もれた枯れ枝が踏まれて割れる、ぱきりと乾いた音。凍えた空気を吸っては吐きだす、己の忙しない呼吸音。

どろどろと暗く濁った意識の中で、雑多な物音をわけも分からず断片的に聞きながら、ふと気がつくと鏡香さんは、リビングの床に横たわっていた。

　時刻は午後九時過ぎ。外はすっかり暗くなって、物音ひとつ聞こえてこない。

つかのま、夢を見ていたのだと思った。記憶ははっきりしていたけれど、あまりにも浮世離れした出来事だったので、どうにも現実感が伴わなかった。

ところが寝ぼけ眼を擦《こす》りながら上体を起こすと、穿《は》いていたパンツの膝辺りが水気を吸ってぐっしょりと濡《ぬ》れていることに気がついた。加えてパンツの表面には、枯れ草の切れ端やら枯れ枝の破片やらが、あちこちに付着している。

さらに衣服を検《あらた》めてみると、セーターの胸元に乾いた血の跡が拳《こぶし》大の楕円《だえん》形になってこびりついてもいた。腕や腹の辺りにも同様に、赤黒い血痕《けっこん》がついている。

少し放心しながら立ちあがり、家の裏手に面したトイレへ行って窓を開けてみた。

トイレの明かりに照らされた裏庭の積雪には、森への小道を行き来する自分の足跡がはっきりと残されていた。

それでようやく、全てが現実だったのだと確信する。思わず太いため息が漏れた。

酔いは完全に醒《さ》めていたし、身体の具合も悪くなかったが、ひどく疲れて眠たかった。

今度はしっかり寝ようと思い、パジャマに着替えて寝室のベッドに潜りこんだ。

眠りの中で鏡香さんは、夢を見た。

前庭に面した掃き出し窓から柔らかな陽光が射しこむ自宅のリビングで、鏡香さんはテーブルについて紅茶を飲んでいる。酒に溺《おぼ》れる前はいちばん好きだった飲み物である。

そこへふっと気配を感じて、視線をあげる。

すると、小鳥たちが頻《しき》りに鳴き交わす窓の向こうに朝方、森で出くわしたあの少女が戸惑いがちな笑みを浮かべて立っているのが見えた。

「どうぞ」と声をかけると、少女は静かに窓を開けてリビングにあがってきた。

夢で再会した少女は、その身が血の一滴にも穢《けが》れていない、綺麗《きれい》な姿をしていた。

服装も違っていて、白いワンピースのセーラー服を着ている。胸元には青いリボンが結ばれ、襟や袖口《そでぐち》にも青いラインが入っていた。

足には三つ折りにした白いソックスと、エナメルの光沢が煌《きら》めくプルシャンブルーのワンストラップシューズを履いている。土足なのはどうかと思ったけれど、可愛いから何も言わずに許してあげた。

少女をテーブルに誘い、向かい側に座らせる。とっておきの紅茶を淹《い》れて差しだすと、彼女は目を輝かせて喜び、カップにそっと息を吹きかけながら大事そうに啜《すす》ってくれた。

目といえば、彼女の目もまた大きな変化を遂げていて、瞳の色が黒真珠を彷彿《ほうふつ》させる深みを帯びた暗い輝きから、アクアマリンによく似た淡々しい水色に変わっていた。

目の前のテーブルを挟んで、紅茶を楽しみながら微笑む少女は、綺麗になった服装と明るくなった瞳の色も相俟《あいま》って、森の中で対峙《たいじ》した時とはまるで別人のようだった。

否。あるいはこれが、彼女本来の姿なのかもしれない。抱えこんでいたマイナスから解放されて、元の姿に戻れたのではないだろうか。

そんなふうに思うと、目の前で紅茶を啜る少女の姿がますます愛《いと》おしく感じられた。

ぬくぬくと暖かな陽光が射しこむ白昼のリビング。テーブル越しに紅茶を飲みながら、鏡香さんと少女は笑みを浮かべておしゃべりに興じ、しばらく楽しい時間を過ごした。

翌朝目覚めると、気分がすこぶるすっきりしていて、無性に紅茶が飲みたくなった。久しぶりに愛用のティーセットを引っ張りだし、リビングのテーブルへと向かう。とっておきの茶葉を振り入れたティーポットに熱湯を注いでいると、昨夜の夢の中であどけない笑みを浮かべて紅茶を啜っていた少女の姿を思いだし、なんとも微笑ましい気持ちになった。

できあがった紅茶を楽しみながら夢で見た光景を反芻《はんすう》するたび、心が和んで浮き立ち、その日は大して酒を呑《の》むこともなく、穏やかな気分で一日を過ごすことができた。

本来なら、同じ夢など二度と見られるはずはないのだけれど、奇妙なことにこの夜も同じ夢を見た。仔細《しさい》は少し違っていたが、やはり少女とリビングで戯れる夢である。

翌日以降も、たびたび少女の夢を見るようになった。

夢ゆえに、目覚めると細かなことは覚えていないし、少女と交わす言葉のやりとりも曖昧模糊《あいまいもこ》としていて、何を話しているのかまでは思いだせない。

ただ、夢の中で少女と過ごす時間は、とても快くて満ち足りており、軽やかな気分で目覚める都度、再び眠りに落ちて彼女と会うのが楽しみになっていった。

夢を見始めてから二週間近くが過ぎた頃、鏡香さんは買い置きしていた酒のボトルの栓を全て開け、中身を一滴残らずキッチンのシンクに投げ捨てた。

だいぶ時間はかかったけれど、これから先は酒に溺れて自分を誤魔化し続けるよりも、紅茶を飲みながら清廉な気持ちで、自分の心とまっすぐ向き合おうと決めたからである。

まずは娘の死について決着をつけた。

百点満点の母親ではなかったけれど、自分なりに精一杯愛した。今でもその気持ちはほんの一筋も変わっていない。今後は、あの娘が向こうで胸を張って自慢できるような母親になることを目標に生きていく。

だから見ていてね、加奈江《かなえ》。お母さん、これからきっと強くなるから。

娘の写真を前に宣誓し、鬱屈《うっくつ》していた思いを全て断ち切った。

結果、気持ちは驚くほどに軽くなった。

一方、夢の中では少女とますます仲良くなっていった。

相変わらず、互いに話していることはよく分からなかったけれど、朧《おぼろ》げな感覚の中で仲良くおしゃべりしながら紅茶を飲んだり、ご飯を食べたり、テレビを見ていたりした情景が目覚めた時に実感として残ってさえいれば、それだけで満足だった。

ただ、ひとつだけ困ったことがある。呼び名だった。

夢の中では少女の名前を尋ねることなどできなかったし、仮に名前を訊《き》いたところで、目覚めた時に覚えていられる自信もなかった。あるいはすでに夢の中で彼女のほうから名前を打ち明けられているのかもしれなかったけれど、やはり覚えてなどいなかった。

呼び名は大事である。だから独自に名前をつけることにした。

初めは彼女と出逢《であ》った雪の日にちなんで、雪に関連する名前にしようと思ったのだが、どうにもしっくりくる名が思い浮かばなかった。

そこではたと閃《ひらめ》いたのが、コーネリアという名前だった。

やはり初めて森で出逢ったあの日、彼女が穿いていたスカートに遇《あしら》われていたのは、淡いピンク色に染まった薔薇《ばら》だった。

淡いピンクの薔薇にはコーネリアという名の品種がある。可愛いらしい響きだったし、外国風の名前は、彼女の青い目にも雰囲気がぴったりだと思った。

そうして夢の中でコーネリアと過ごすようになってひと月余りが過ぎた、三月半ば頃。

長らく休んでいた霊能師の仕事を段階的に再開することにした。

受信したまま、ずっと放っぽらかしにしていた、以前の相談客たちからの相談メール。

それら全てにできうる限り心をこめた謝罪の言葉を添えたうえ、メールに綴《つづ》られていた相談内容に対して、ひとつひとつ丁寧に答えを返していった。

するとほとんど全ての人たちから、すぐに感謝の返信メールが届いた。

「これからもよろしくお願いします」という一文に、泣き笑いを浮かべて喜んだ。

バツが悪くてしばらく疎遠にしていた千緒里さんにも連絡をとって、今までの報告とこれからの決意を包み隠さず打ち明けた。彼女はすごく喜んで、自分にできることならなんでも応援するよと言ってくれた。これにも涙を流して感謝した。

差し当たっては電話とメールで対応できる相談事、それから手作りの御守りと御札の頒布のみで再開することになったが、まずは焦らずじっくり取り組んでいこうと思った。大好きな紅茶を嗜《たしな》みながら気持ちを平静に保ち、相談客の抱える悩みを客観的に考え、真剣に悩み、最適と判ずる答えを示していく仕事は、確かに大変だけれど充実していた。日に日に以前の自分が戻ってきている実感も湧いて、それも大きな励みになった。

鏡香さんの前進にコーネリアも喜んでくれているようで、夢の中で大いにはしゃいで寿《ことほ》いでくれた。相変わらず、土足のままでリビングのフローリングの上をぴょんぴょん飛び跳ねるのはどうかと思ったけれど、可愛いから何も言わずに許してあげた。

今やコーネリアは鏡香さんにとって、もうひとりの娘のような存在だった。

忙しくも弾んだ気持ちで仕事に打ちこんでいると、日々は瞬く間に過ぎていった。

陰ることのなくなった心で向き合う毎日は、何もかもが尊く感じられて愛おしかった。

こんな日々がずっと続いてほしいと願いながら、鏡香さんは仕事に励み続けた。

だが、安寧と情熱に満たされた理想の暮らしは、ある日突然終わりを迎えた。

周囲に広がる森の樹々も鮮やかな新緑に色づき、そろそろ娘の一周忌を間近に控えた、五月上旬のことだった。夕方近くに夫から一通の封筒が届いた。開けると、中には離婚届の用紙が入っていた。同封された手書きの文書を読むうちに顔じゅうの筋肉がみるみる引き攣《つ》って、気息が急激に乱れていく。

文書には、離婚したいという旨が記されていた。そこまではいい。

余計だったのは、これまでの夫婦関係を清算して、新しく人生をやり直したいという希望が添えられていたことだった。

離婚が済んだらその後は、件《くだん》の不倫関係にある女と一緒に生きていきたいのだという。

離婚調停を起こせば動かぬ証拠となって、確実に慰謝料を支払う羽目になるであろう主張をわざわざ文面で送ってよこしたのは、こちらがそんなことをする気がないことを重々承知しているのに加え、これまで向こうの謝罪や要望を一切受け容《い》れてこなかった自分に対する、露骨なまでの当てつけだろうと察した。

ここ数ヶ月、夫からの連絡が途絶えていたこともあり、問題を先送りにしていたのもまずかったと思う。いずれ最適な時期が訪れたら、きちんと話し合う機会を設けようと考えてはいたのだけれど、とんだ怠慢だったと後悔する。

こちらもすでに離婚する腹積もりではいたのだが、テロのごとく先を越された挙げ句、できれば一生知りたくなかった情報まで、頭に擦《なす》りつけられてしまった。

しかもよりにもよって、もうすぐ娘の一周忌を迎えようとする、この時期にである。

一体、いつからここまで性根が腐ってしまったのだろうと思った。

なんとか気持ちを鎮めようと努めたのだけれど、駄目だった。気息はますます乱れて過呼吸気味になり、胸の内が掻き毟《むし》られるようにざわざわとする。同時に激しい怒りも沸いてきて、家じゅうの物を引っくり返したい衝動に駆られた。

喉《のど》にひりひりと、灼《や》けつくような渇きを覚える。

久しぶりに胃の腑《ふ》を熱くたぎらせたくて堪《たま》らなくなってきた。

理性ではよくないと自覚つつも、許し難い怒りが引き金となって発露した強い欲求はとても抑えきれず、気づけば車で町場へ向かい、ブランデーのボトルを買っていた。帰宅するなり玄関口で栓を開け、生《き》のまま喉を鳴らして大きく呷《あお》る。とたんに意識がふわりとぼやけ、胃の腑がめらめらと燃え盛り始めた。

あとはリビングで休むことなくひたすら呑んだ。酒で神経が鈍ったおかげで気持ちはだいぶ楽になったが、呑めば呑むほど夫に対する怒りは加速度的に増していった。「あの色惚《ぼ》けが」「兎野郎が」と毒づき、今後における夫の人生の転落を強く願う。けれども、それだけではまだ気が済まない。いっそのこと、死ねばいいのにと思った。この一年近く、こちらはずたずたになった心を抱えてもがき苦しんできたというのに、あちらは復縁を願いながらその実、陰では相も変わらず馬鹿な女とつながり合ったまま、何事もなかったかのごとく、元の夫婦生活に戻るつもりでいたというわけだ。

これ以上はないというほど惨めな思いに苛《さいな》まれ、ふざけるなと激昂《げっこう》する。

本当に死ねばいい。なんなら殺してやりたいくらいだった。昔の思い出を引きずって決断を躊躇《ためら》っていた自分がとてつもなく愚かに感じられ、自分自身にも腹が立った。

ボトルの中身はみるみるうちに減っていき、やがて最後の一滴までをも呑《の》み尽くす頃、激しい怒りと憎悪に心を焦がしながら、鏡香さんは深い眠りの中へと落ちていった。

そして再び気がつくと、深雪に埋もれた森の中にいた。

前のめりに崩落した木小屋の屋根の上に寝そべって、灰色に曇った空を見あげている。

とたんにはっとなって起きあがるも、自分が置かれている状況が理解できなかった。

寝たのは確か、夜のだいぶ遅い時間だったはずだし、リビングにいたはずである。

今が一体何時なのかも、どうしてこんなところにいるのかも、皆目見当がつかない。

そもそもどうして、こんなに雪が積もっているのか。これではまるで、二月にあった大雪の日に時間が戻ったようではないか。酔いはすっかり覚めていたけれど、頭の中はこんがらがって、心臓がばくばくと早鐘を打ち始める。

そこへ遠くのほうからざくざくと、積雪を踏み鳴らす足音が聞こえてきた。

耳にするなり、コーネリアのものだと直感する。

ならばここは、夢の中か。夢にしては意識があまりにもはっきりしすぎているけれど、夢だと思えば一応、何もかも説明はつく。信じ難いことではあったが、状況から鑑《かんが》みて夢と受け容れたほうがよさそうだった。

とはいえ、日頃見る夢とはまるで違い、周囲に見えるあらゆるものが五感に生々しく知覚される異様な雰囲気に不安は拭《ぬぐ》えなかったし、心細くもあった。独りでいることに耐えられず、コーネリアの足音が近づいてくる木立ちのほうへと向かって進んでいく。

屋根の上から起きあがってまもなく、木立ちの中に人影が見え始めた。

　樹々の葉の間にちらつく黒い髪の輪郭と背《せ》恰好《かっこう》から、やはりコーネリアだと確信する。ほっと安堵《あんど》の息を漏らして近づいていくさなか、向こうも雪にまみれた枝葉を掻《か》き分け、木立ちの中からがさりと姿を現した。

　とたんに背筋がびくりと波打ち、積雪を踏み進んでいた歩みが止まった。

　木立ちの中から出てきたコーネリアは、真冬の朝に初めて出逢った時とまったく同じ、白いTシャツに薄手のロングスカートを穿《は》いた姿に戻っていた。顔つきも悪鬼のごとく険しい形相へと立ち返り、瞳《ひとみ》の色も淡い水色から元の黒へと戻っている。

　右手には化け物みたいに巨大なカッターナイフを握りしめ、そして左手には、何やら丸くてふさふさしたものを束にしてぶらさげている。

　見るとそれは、血まみれになった兎の首だった。

　数は全部で五つ。毛並みですぐにそれが、夫の飼っていた兎たちのものだと分かった。

「コーネリア……」

　震える声で名を呼んだものの、どうしてもそばへと近づいていくことができなかった。彼女のほうも木立ちの前に屹立《きつりつ》したまま、その場を微動だにしない。

　どうしてこんなことになってしまったのか、すぐに合点がいって涙がこぼれた。

　自分が夫の死を望んだからである。彼女は多分、それを叶《かな》えてくれるというのだろう。さらに加えて、自分が再び自暴自棄に駆られ、元の大酒呑みへと戻ってしまったから、彼女もそれに呼応して、元の姿に戻ってしまったのだと理解した。

皮肉なことに、自分の心の機微や在り方が、彼女にここまで強い影響を及ぼすほどにつながり合えるようになっていたのだと、今に至って初めて知る。

こんな時に知らなければ、それはすごく嬉《うれ》しくて幸せと思えることだったはずなのに。そんなことを思うと一層悲しくなって、涙が止まらなくなる。

もう一度抱きしめてあげて仲直りをしたいと思っても、怖くて彼女へ近寄れなかった。そもそも今の自分では、彼女を受け止めてあげられるだけの自信さえもなかった。

彼女もそれに気づいているはずである。だからこちらへ歩み寄っては来ないのだ。

「ごめんね、わたしはすごく弱い人だね。本当はずっと一緒にいたいのに、今は怖くてあなたに近づくこともできない。あなたのことをすごく傷つけてるって思ってる……」

嗚咽《おえつ》混じりに必死で言葉を向けても、コーネリアは険しい形相を僅《わず》かも崩すことなく、丸く剝《む》きだした両目でこちらをじっと見つめるばかりである。

今度はわたしがこの娘《こ》をこんなふうにしてしまった。昨日まで、あんなに楽しそうに笑っていたのに、わたしが彼女から、あの無邪気で可愛い笑顔を奪い取ってしまった。

つまらない憎しみなんて持たなければよかった。お酒になんか逃げなければよかった。もはや取り返しのつかない現実を目の前にして、自分の心の未熟さを心底悔いた。

「わたしだったら大丈夫。ひとりできちんと決着をつけられる。そしてもっと強くなる。約束するね。だからあなたは、何もがんばらなくていいんだよ。ありがとうね」

今の自分が言える精一杯の言葉を投げかけ、静かに彼女の答えを待つ。

それでもコーネリアは微動だにせず、つかのまこちらをじっと睨《にら》み据えていたのだが、まもなくすると左手に束ねた兎たちの首を雪の上へと放り投げ、元来た木立ちのほうへゆっくりと踵を返し、小さな背中をこちらに向けた。

これが彼女のだした答えか。ならばしっかり受け止めなければと、覚悟を決めた。

「今までありがとう。わたしはあなたがいたから救われた。それは本当のことだから」

樹々の合間へ消えていく背中に向かって声をかけると、しだいに視界が薄白くぼやけ、意識が散りゆくように遠のいていった。

「それ以来、あの娘の夢は見ていません。もうそろそろ三年近くになりますね」

空になったティーカップを両手で包みこむように持ちながら、儚《はかな》げな微笑を浮かべて鏡香さんが言った。

件の夫とは、最後にコーネリアの夢を見てからまもなく離婚したそうである。何も争うことなく、特にこれといって意見さえもすることなく、必要な手続きのみを淡々と済ませ、静かに幕をおろしたのだという。

霊能師の仕事は休むことなく、今現在も続けている。田舎へ引越したおかげで、都心に改めて事務所を借りることはないけれど、代わりに電話相談とメール相談を主体に、有事の際には出張相談などで臨機応変に対応している。仕事は相変わらず、とてもやりがいがあって楽しいという。

酒も再び断ち切って、今日まで一滴も呑んでいない。

「代わりにずっと紅茶です。いろんな種類の茶葉を買い集めて飲み比べるのが楽しくて、今日も帰りに専門店を覗《のぞ》いてあれこれ買い漁《あさ》る予定にしているんです」

ようやく快活な笑みをこぼして、鏡香さんが言った。

「あんまりにも現実離れしすぎていて、とても信じられないような話だったでしょう？千緒里さんにも最初はすごく怪しまれて正気を疑われました。でも本当の話なんですよ。今日は、当時のことをもう一度冷静に振り返って、自分の気持ちを整理し直そうという意図もあったんです。だから話に付き合っていただいたような面も多々あるんですけど、なんだか自分本位ですみません」

「いえ、とても貴重なお話でした。疑ってなんかいませんよ。口幅ったいようですけど、いつかまた、コーネリアと逢《あ》えるといいですね」

裕木が言葉を向けると、鏡香さんは「うん」と大きくうなずいた。

「私は絶対、いつかかならず、あの娘とまた逢える日が来るんだって信じているんです。亡くなった娘にも『あの世で自慢できるような強い母親になる』って誓ったのと同じく、あの娘にも再会した時に恥ずかしくない自分でいられるよう、今は自分ができることを毎日、精一杯がんばりながら生きている感じですね」

それが自分のいちばん大きな心の支えであり、力の源なのだと鏡香さんは答えた。

こんな生き方もあるのだな、と裕木は思う。

　取材終了後、別れしなに鏡香さんへ次なる取材相手の紹介についてお願いしたところ、「心当たりがあるので、確認がとれしだい連絡しますね」とのことだった。恬淡《てんたん》とした足取りで駅前の雑踏へ消えていく彼女に手を振りながら、「やったね」とほくそ笑む。今度は取材相手からは、どんな話を聞かせてもらえるのだろう。

　昨年初夏から始めた怪談蒐集《しゅうしゅう》も、思えばそろそろ一年半を迎えようとした。時間は瞬く間に過ぎ去って、いつのまにか大の怪談好きになっていた自分自身に驚いていた。

　このところ、頬を撫《な》でる風もすっかり冷たくなって、冬が間近に迫ってきているのをひしひしと実感させられる。

　取材を始める以前までは、怪談といえば夏の風物詩だとばかり思いこんでいたけれど、そうした認識もこの一年半で改めることができた。鏡香さんの話もそうであったように、怪異というのは冬でも平然と起こるのである。それもまた、興味深いことだと思った。

　鏡香さんからの連絡を楽しみに待つとして、まずは今日聞いた話をどうまとめようか。前向きな思案を巡らせながら、裕木は充足した心地で家路に就いた。

近づく予感

霊能師・柳原鏡香と、この世ならざる少女にまつわる記述を読み進めていく半ばから、身体の震えが止まらなくなっていた。

全てを読み終えた今、私はとてつもなく不安で落ち着かない気分に陥っている。鏡香の話に登場する少女・コーネリアは、私もよく知っている少女だったからである。

否。

厳密に言うなら彼女については私のほうこそ、よくよく素性を知り抜いているのだ。

なぜなら彼女は元々、私自身が創りだした存在だからである。

彼女のもうひとつの名前は、桐島《きりしま》加奈江という。

鏡香が偶然にも名づけた「コーネリア」という名は、加奈江の知られざる別名である。

加奈江は、タルパという存在だった。

平たく説明するなら、生きている人の意思が創りあげる、いわば人工的な幽霊である。加奈江は元々、私が学生時代、無意識のうちに創造した空想上の産物だった。

それがいつしか独自の意思を持つようになり、さらには不幸なことに暴走を来たして、鏡香の話に出てくるような悪鬼のごとき存在と化した。

　全ての原因は私自身の不徳によるものだったのだけれど、以来、学生時代から始まり、実に二十年近くにもわたって、私は暴走した加奈江から襲われ続ける羽目になった。

ようやく問題が解決し、彼女とそれなりの和解が成立したのが二〇一四年の十二月。

そこへさらにもうひとつ、また新たな問題が勃発《ぼっぱつ》したのが、昨年四月のことである。

斯様《かよう》に私と加奈江にまつわる話は、それなりに長い歴史と背景を抱えるものなのだ。

また逢えると信じている、か。

今の加奈江の状況と姿を知ったら、果たして鏡香はどう受け止めるだろう。

加奈江は現在、元からすっかり変わり果てた姿になって、私の多分、すぐそばにいる。

彼女の姿がまったく視《み》えなくなって、すでにふた月以上が経つ。最後に姿を視たのは、昨年二〇一八年の十月下旬のことだった。あれ以来、一度も姿を視ていない。

昨年の春からずっと、彼女を元の姿に戻してあげたくて八方手を尽くして手掛かりを探していたのだが、なかなか有力な情報を得ることはできなかった。

　それがここに来て、急展開を見せそうな予感をありありと覚えているのは確かである。

だが、同時にひどく不穏な予感も抱いてしまい、私の身を震わせてもいた。

加奈江という存在自体と、彼女にまつわる怪異については、これまで世にだしてきた「拝み屋怪談」シリーズの中でも折に触れて何度も紹介してきている。

　人を疑うのはよくないことなのだけれど、だからその気になれば、裕木がそれとなく加奈江の話をでっちあげて、取材ノートの中に紛れこませることは可能である。

しかし、彼女は私の本を読んだことがないと言っていたし、仮に読んでいたとしても鏡香の話の中では、絶対にでっちあげることのできない要素が存在するのだった。

本書の舞台背景となる二〇一九年一月下旬、この時点で世に出回っていた拙著の中で、加奈江の別名「コーネリア」に関する記述は一切ない。

而《しこう》して、黒から水色へと変わる加奈江の瞳《ひとみ》の件に関しても同様である。

それらはどちらも今まさに私が書いている、『拝み屋怪談 壊れた母様の家〈陰〉』、並びに『〈陽〉』にて初めて語られるエピソードなのだ。本が世に出るのは今年の夏場、裕木が知り得るとしても、それはここから半年近く離れた未来の話なのである。だから絶対にでっちあげなどではないだろう。柳原鏡香という東京の霊能師は実際に加奈江と接触して、ノートに記載されているとおりの体験をしているのだ。

加奈江と本来、縁もゆかりもないはずの彼女が加奈江と邂逅《かいこう》を果たしていることにも驚かされたが、冷静に考えてみると、そもそもこの取材ノート自体が驚きの塊だった。

たとえ熱意と根気があっても、こんなにも次々と人から話が集まり、なおかつ途中で線が切れることさえなく、まるで魔性の念珠を結わえあげるかのごとく、人から人へと話がつながり続けていくなど、普通はありえないことなのだ。

それに裕木は気づいているのだろうか？　ここまでに至る数十話に及ぶ怪談話の中で、表向きはなんの関係もないように思えて、実は水面下で密《ひそ》かにつながり合っている話や、互いに関連し合う話が何話も存在しているということに。これもずっと気になっていた。

　できれば考えたくなどなかったが、こんなことを思ってしまう。

　この三年半の間、裕木本人は楽しく取材をしていたようだけれど、実は自分の意志で怪談話を集めていたのではなく、視えざる何かの意力によって、最終的に全てが揃うととてつもなく巨大な画《え》ができあがる、話のピースを集めさせられていたのではないかと。

　思うなり、口から勝手に太い息が絞り出た。

あるいは再び私は、何やら得体の知れない、大きな災禍に巻きこまれようとしている。

そんな胸騒ぎが感じられて仕方なかった。

　ただその一方で、加奈江に関する情報は欲しかった。可能ならば今すぐにでも裕木に連絡をとって、鏡香と直接話ができるように頼みたかった。

　けれどもこれ以上、この件に関わるべきかどうか、多大な怖《お》じ気《け》も感じて思い惑う。

　そうして座卓の上に両手を突き、項垂《うなだ》れながら苦悶《くもん》と葛藤《かっとう》を繰り広げるさなかだった。座卓の端にふと、白粉《おしろい》に染まった女とおぼしき、か細い腕が視えた、ような気がした。

　今度は口から勝手に、細くて乾いた息が長々とこぼれだす。

「そうだよな。かならず元に戻すって、約束した」

　仕事場の虚空を見つめながら、ひとりごちるように小さく呟《つぶや》く。

　決めた。いずれどうなるにせよ、まずは裕木から受け取った取材ノートを全て読もう。ノートは現時点で五冊目を読み終えたばかりだった。まだ全体の半分にも達していない。最終的な判断は全ての話を読み終え、全貌《ぜんぼう》を把握したうえで下しても遅くはなかろう。

昔から私の予感は、それも悪いほうの予感は大抵当たる。今回もおそらく、黒だろう。いずれきっと近いうちに、またぞろ茨《いばら》の道を歩かせられる羽目になるはずである。

だがその一方でリスクの高い賭《か》けであればあるほど、リターンも大きいと知っている。事に当たれば、何がしかの道が拓《ひら》ける予感もあった。

「虎穴に入らずんば虎子を得ず、か」

とにかくまずは、全貌を把握するところから始めなければならない。

この先にはさらなる恐怖と衝撃が、息を潜めて確実に待ち受けている。五感の全てでひしひしとそれを感じながらも、私はただちに裕木のまとめた六冊目のノートへ取り掛かるのだった。

その先にかならずあるであろう、希望を見いだすために。

本書は、角川ホラー文庫のための書き下ろしです。

拝《おが》み屋《や》念珠怪談《ねんじゅかいだん》　緋色《ひいろ》の女《おんな》
郷内心瞳《ごうないしんどう》

角川ホラー文庫　22757

令和3年7月25日　初版発行
令和6年10月25日　5版発行

発行者——山下直久
発　行——株式会社KADOKAWA
〒102-8177　東京都千代田区富士見2-13-3
電話 0570-002-301（ナビダイヤル）
印刷所——株式会社KADOKAWA
製本所——株式会社KADOKAWA
装幀者——田島照久

●お問い合わせ
https://www.kadokawa.co.jp/（「お問い合わせ」へお進みください）
※内容によっては、お答えできない場合があります。
※サポートは日本国内のみとさせていただきます。
※Japanese text only

ISBN978-4-04-111318-9　C0193

角川文庫発刊に際して

角川源義

第二次世界大戦の敗北は、軍事力の敗北であった以上に、私たちの若い文化力の敗退であった。私たちの文化が戦争に対して如何に無力であり、単なるあだ花に過ぎなかったかを、私たちは身を以て体験し痛感した。西洋近代文化の摂取にとって、明治以後八十年の歳月は決して短かすぎたとは言えない。にもかかわらず、近代文化の伝統を確立し、自由な批判と柔軟な良識に富む文化層として自らを形成することに私たちは失敗して来た。そしてこれは、各層への文化の普及滲透を任務とする出版人の責任でもあった。

一九四五年以来、私たちは再び振出しに戻り、第一歩から踏み出すことを余儀なくされた。これは大きな不幸ではあるが、反面、これまでの混沌・未熟・歪曲の中にあった我が国の文化に秩序と確たる基礎を齎らすためには絶好の機会でもある。角川書店は、このような祖国の文化的危機にあたり、微力をも顧みず再建の礎石たるべき抱負と決意とをもって出発したが、ここに創立以来の念願を果すべく角川文庫を発刊する。これまで刊行されたあらゆる全集叢書文庫類の長所と短所とを検討し、古今東西の不朽の典籍を、良心的編集のもとに、廉価に、そして書架にふさわしい美本として、多くのひとびとに提供しようとする。しかし私たちは徒らに百科全書的な知識のジレッタントを作ることを目的とせず、あくまで祖国の文化に秩序と再建への道を示し、この文庫を角川書店の栄ある事業として、今後永久に継続発展せしめ、学芸と教養との殿堂として大成せんことを期したい。多くの読書子の愛情ある忠言と支持とによって、この希望と抱負とを完遂せしめられんことを願う。

一九四九年五月三日